财务管理实验教程

于　洁　马丽岩　张冬燕　张存彦　主编

中国财经出版传媒集团

经济科学出版社

Economic Science Press

·北 京·

图书在版编目（CIP）数据

财务管理实验教程/于洁等主编．－－北京：经济
科学出版社，2024.6
ISBN 978 - 7 - 5218 - 5914 - 0

Ⅰ.①财…　Ⅱ.①于…　Ⅲ.①财务管理 - 高等学校 -
教材　Ⅳ.①F275

中国国家版本馆 CIP 数据核字（2024）第 101056 号

责任编辑：于　源　刘　悦
责任校对：隗立娜
责任印制：范　艳

财务管理实验教程

于　洁　马丽岩　张冬燕　张存彦　主编
经济科学出版社出版、发行　新华书店经销
社址：北京市海淀区阜成路甲 28 号　邮编：100142
总编部电话：010 - 88191217　发行部电话：010 - 88191522
网址：www. esp. com. cn
电子邮箱：esp@ esp. com. cn
天猫网店：经济科学出版社旗舰店
网址：http://jjkxcbs. tmall. com
北京季蜂印刷有限公司印装
710 × 1000　16 开　14.75 印张　190000 字
2024 年 6 月第 1 版　2024 年 6 月第 1 次印刷
ISBN 978 - 7 - 5218 - 5914 - 0　定价：56.00 元
（图书出现印装问题，本社负责调换。电话：010 - 88191545）
（版权所有　侵权必究　打击盗版　举报热线：010 - 88191661
QQ：2242791300　营销中心电话：010 - 88191537
电子邮箱：dbts@ esp. com. cn）

前言

不知不觉间，从事财务管理教学已经整整 20 年，从起初对这门学科的陌生和畏惧，到现在越来越觉得其"可爱"，尤其是初级财务管理。其可爱之一在于时间价值理论和风险理论是主线，任何财务管理决策都是围绕这两个基本理论展开的，"思路清晰、从一而终"。可爱之二在于基本理论应用范围广泛，除了企业财务领域之外，更与个人理财相关。各种理财产品表示的"年化收益率"都是基于财务管理的基本知识。可爱之三在于其理论虽来源于国外，但与中华文化的传统思想也很契合。两个简单的复利终值计算式：$(1+2\%)^{365}=1377.4$ 和 $(1-1\%)^{365}=0.03$ 就生动地描绘出"积跬步以致千里，积怠惰以致深渊"这一古训的画面感。

有的同学可能也觉得财务管理晦涩枯燥，但这不是你的错！还以货币时间价值理论为例，上面复利终值计算公式只能告诉你事情开始和结束时的样子，中间漫长的时间和事情的变化过程，你可能一无所知。但 Excel 实验可以把价值在时间流逝过程中每一时点的变化过程都展现出来。你无须死记硬背，只要多加练习，就能精通财务管理基础理论。Excel 中还有很多精巧的小工具，例如原本需要多次重复迭代计算的问题，只需一个"goal seak"（单变量求解），计算结果瞬间就可以展现在我们眼前，还有庞大的货币时间价值系数表，数组公式就能一下搞定多达"N"行"N"列的数据计算。

由于实验课时通常有限，市面上的教材常常篇幅长、规模大，因此很多年来我们教学团队一直使用的是自编的"小册子"，并修订过多次。此次能将其编纂成书出版，实感荣幸。它适用于 24~48 学时的实验课。

本书模块一介绍 Excel 基础操作，包括工作表的编辑、图表建立、常用函数等；模块二是 Excel 在货币时间价值中的应用；模型三是 Excel 在金融资产估值中的应用；模块四是 Excel 在风险评估中的应用；模块五是 Excel 在固定资产投资决策中的应用；模块六是 Excel 在营运资金管理决策中的应用。我们精选了基础知识和常用操作编写了这本书，尤其是常用操作，通过在不同章节的反复使用，同学们可以自然而然地掌握它们。

本书得到河北农业大学经济管理学院和财会系各位领导的大力支持！参与本书编写的还有张玲、李珍、崔玉姝、宁金辉、陈哲思、程玉英、刘梦岩以及权聪娜等老师。感谢师梦怡、刘天仁、唐若男、赵薇、韩乐、张虹燕、邢媛媛、杨朔、李佳怡、刘晨晓同学参与教材的校对。特别感谢张润清教授对本书的指导。

编者
2024 年 5 月

目
录 Contents

模块一　Excel 基础操作

实验 1　Excel 基本操作

【学习目标】

本实验将学习 Excel 基本功能与操作，并能够独立在 Excel 中完成各种数字、文本、序列、公式和函数的数据输入。

【背景】

在当今数字化时代，微软的 Excel 已经成为商业、教育、科学和许多其他领域不可或缺的工具。这个强大的电子表格软件不仅令数据处理变得更加高效，还有助于解决各种复杂问题。

1.1　工作表基本操作

1.1.1　Excel 的启动

本书运用的 Excel 版本为 Excel 2010 版，Excel 的启动一般有以下三种方法。

（1）在 Windows 任务栏选择【开始】菜单中的【程序】菜单项，在子菜单中选择【Microsoft Office Excel】，点击，即可启动 Excel。

（2）用鼠标双击桌面上的 Excel 快捷图标，即可启动 Excel。

（3）用鼠标双击任何一个扩展名为 .xls 的 Excel 工作簿文件，也可启动 Excel。

1.1.2 Excel 的工作窗口

Excel 工作窗口的主要组成和功能如图 1-1 所示。

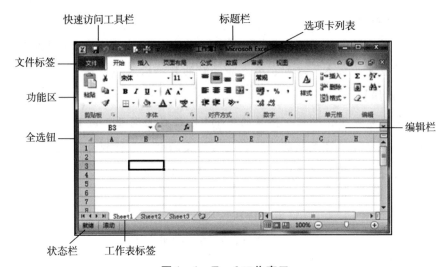

图 1-1 Excel 工作窗口

（1）标题栏。标题栏用于识别窗口名称，显示了当前正在操作的 Excel 文件（工作簿）名称。

（2）文件标签。文件标签里包含打开、保存、打印或创建新文件等命令。

点击文件标签，信息占满整个视窗，这种"后台视图"模式与菜单模式相比，可以显示更多的信息。例如，点击"打印"标签，不仅可以了解全部打印设置，而且可以分页进行打印预览。点击"信息"标签，用户可以设置文件的属性、检查可能显示私人资料的隐藏数据、加密文件等。

在"文件标签"底部设有"选项"链接，在此设置全部用户自己可以控制的选项。在"自定义功能区"可以创建新的选项卡，可以将按钮从一个选项卡移动到另一个选项卡，也可以删除。

（3）快速访问工具栏。快速访问工具栏提供了在操作中常用的一些工具图标按钮，例如保存、撤销、重做等。如果经常使用其他一些按钮，可以点击右侧的下拉箭头，从中选择需要的命令添加到快速访问工具栏中。

（4）功能区。该区域把选项卡中的一些常用工具列举出来，目的是方便使用。每一个按钮代表一种工具，使用时只需点击即可执行。

（5）编辑栏。在一个单元格输入数据时，数据同时也显示在编辑栏中。编辑栏的功能是输入或修改数据，当单元格中数据较多（如输入的公式较长）时，在编辑栏中进行修改是很方便的。

（6）全选钮。点击全选钮时，就会选中当前工作表中的所有单元格，再次点击则选择取消。

（7）工作表标签。工作表标签主要包括标签滚动按钮和工作表标签按钮。其中，标签滚动按钮可以在不同工作表之间进行切换；工作表标签按钮表示在一个工作簿中的各张工作表，在默认的情况下，Excel 只打开三个工作表：Sheet1、Sheet2、Sheet3。

（8）状态栏。位于工作表标签下方的区域称为"状态栏"，它能提供有关选定命令或操作进程的信息，可据此了解当前可进行的操作。多数时间状态栏显示的是"就绪"，表示正等待输入。

1.2　在 Excel 输入数据

1.2.1　输入数字、文本、序列

1.2.1.1　输入数值数据

（1）使用方向键或鼠标选中单元格 A1。

5

（2）输入数字 12345。

（3）按下回车键，矩形框应移动到单元格 A2。

注意：数值在单元格的默认对齐方式是右对齐。

1.2.1.2　输入文本数据

文本数据是指不是以数字开头的字符串，它可以是字母、汉字或非数字符号。在将数字作为文本输入时，需要在数字前加半角单引号（'）。

（1）使用方向键或鼠标将矩形框移动到单元格 B1。

（2）输入文本型数据，以邮政编码 071000 为例，输完数字按回车键，显示的"71000"。

（3）重新输入'071000，按回车键，得到正确显示。

注意：文本在单元格的默认对齐方式是左对齐。

（1）用鼠标选中单元格 B2，输入身份证号 130606200123456789。

（2）单元格 B2 内显示的是"1.30606E＋7"，编辑栏显示的是"130606200123456000"。

说明：Excel 系统默认在常规或数值格式下，数字超过 10 位即以科学记数法显示。对 15 位以后的数字用 0 填充。目前的身份证号为 18 位，所以后三位会变为 0。

正确的两种输入方法如下。

（1）重新输入身份证号前，先将单元格格式设置为文本。选定单元格，在其上点击鼠标右键【设置单元格格式】菜单，会弹出【单元格格式】对话框，然后选择【数字】标签，【文本】选项，【确定】按钮。输入完整身份证号。

注意：数值格式（单元格格式）可以进行设置，如数值类型、边框、小数位数、对齐方式等。

方法：选中需要修改格式的单元格或整行单元格的行号、整列单元格的列号，点击鼠标右键→选中"设置单元格格式"，然后进行选择设置（见图 1－2）。

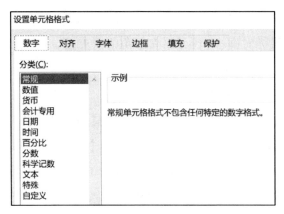

图 1 – 2　设置单元格格式对话框

（2）直接输入半角单引号加身份证号，如'130606200123456789。

1.2.1.3　输入相同的数值或文本

如果需要在相邻几个单元格内输入相同的数值或文本，则不必逐一输入，可以采用两种方法简便地输入：一种是采用填充柄的方法；另一种是采用数组公式输入的方法。

【例 1 – 1】在单元格 C1：C8 中都输入 200。

（1）在单元格 C1 中输入 200，

（2）点击单元格 C1，用鼠标对准该单元格右下角的"填充柄"（形状为一黑色小方块），此时鼠标形状为黑色粗线"十字"。

（3）按住鼠标左键不放往下拖，一直拖到 C8 单元格。

注意：这种方法只能按行或列进行输入。

【例 1 – 2】首先选定要输入相同数据的 D1：F7 单元格区域；其次输入需要输入的数据 300；最后同时按"Ctrl + Shift + Enter"组合键。

1.2.1.4　输入序列

1.2.1.4.1　等差数列

（1）在 G1 单元格输入 1。

（2）在 G2 单元格输入 2。

（3）用鼠标同时选中 G1 和 G2 两个单元格。

（4）用鼠标对准 G2 单元格右下角的填充柄，按住鼠标左键不放往右拖，一直拖到 G10 单元格。

1.2.1.4.2　系统自定义序列

我们还可以利用系统的自定义序列工具来完成一些常用数据序列的填充，如星期、月份、日期等。打开【文件】菜单，依次选择【选项】→【高级】→【常规】→【编辑自定义列表】等命令。在弹出的"自定义序列"对话框中，查看系统已经自定义好的序列（见图1－3）。

图1－3　自定义序列对话框

使用方法如下。

在 H1 单元格输入 1 月，然后拖动该单元格右下角的【填充柄】，即可自动完成 2 月、3 月、4 月……的自动填充。

1.2.1.4.3　个人自定义序列

（1）将日常工作需要经常输入的数据设置成自定义填充序列。在【输入序列】中依次输入产品 A01、产品 A02、产品 B01……产品名称，在输入过程中用回车符，将每一个条目隔开，全部输入完成后，点击【添加】按钮，则该序列就出现在【自定义序列】中。

（2）也可以先在工作表中输入产品名称，通过【从单元格导入序列】命令，选中相应单元格，然后点击【导入】命令，也可以生成自定义序列。

（3）若需要输入该序列，在工作表中只要输入任一产品名称，其余的数据即用填充柄复制填充产生。

1.2.2　输入公式、函数、嵌套函数

1.2.2.1　直接输入公式

【例 1 - 3】在 A1 单元格中，求解右侧计算式的结果 "（1 + 0.5%）^{12} - 1"。

（1）在单元格 A1 中输入 =（等号）；

（2）输入（1 + 0.5%）；

（3）输入 ^ 符号（Shift + 数字 6 键）；

（4）输入数字 12 及 - 1。

1.2.2.2　采用引用的方法输入公式

在输入公式时，如果数据非常大，那么手动输入数据出错的概率也会非常大，这种情况下，我们可以直接输入某数值所在的单元格的名称，这就是引用。在公式中的引用常见有相对引用、绝对引用和混合引用三种。

1.2.2.2.1　相对引用

相对引用也称相对地址，它是指当某个单元格的公式被复制到另一个单元格时，原单元格内公式中的地址在新的单元格中就要发生变化，但其引用的单元格地址之间的相对位置间距保持不变。

如图 1 - 4 所示，已知各月的单位变动成本和生产数量，需要计算各月的变动成本总额，则在单元格 B4 中输入公式 " = B2 * B3"，

然后选中单元格 B4，用填充柄复制的方式，将单元格 B4 复制到单元格 C4、D4……G4 中。

B4 =B2*B3

	A	B	C	D	E	F	G
1	日期	1月	2月	3月	4月	5月	6月
2	单位变动成本	30	31	32	30	33	35
3	生产数量	1050	1300	1555	2000	2360	2570
4	变动成本总额	31500					
5	固定成本	30000					
6	总成本						

图 1－4　相对引用示例

（1）在单元格 B4 中输入＝(等号)；

（2）用鼠标点击单元格 B2，输入＊（乘号），点击单元格 B3，按回车键。

（3）点击单元格 B4，用填充柄向右拖拽。

注意：B4 单元格中存储的并不是 B2×B3 单元格的内容，而是这两个单元格之间的一个关系。

1.2.2.2.2　**绝对引用**

绝对引用又称绝对地址，即在单元格的列标和行号前加 $ 符号 (如 $A$1) 就称为绝对引用，其特点是在将此单元格复制到新的单元格时，公式中的单元格地址始终保持不变。也就是说，目标单元格中存储的就是被引用单元格的内容，这个内容并不会随着单元格位置的变化而变化。

如图 1－5 所示，各月的固定成本不变且只存在单元格 B5 中。若要计算成本总额，则需在单元格 B6 中，输入公式 "＝B4+$B$5"，再将单元格 B6 复制到右侧相应的单元格中，以 D6 单元格为例，可见相对地址发生变化，而绝对地址不变。

在行号和列号前面输入 $ 符号，可以手动输入，更简单的方法是使用 F4 键自动打开 $ 符号（笔记本电脑需要同时使用 Fn 键和 F4

键）。按一次 F4 键，同时固定行号和列号；按两次 F4 键，只固定行号；按三次 F4 键，只固定列号。

D6　　=D4+$B$5

	A	B	C	D	E	F	G
1	日期	1月	2月	3月	4月	5月	6月
2	单位变动成本	30	31	32	30	33	35
3	生产数量	1050	1300	1555	2000	2360	2570
4	变动成本总额	31500	40300	49760	60000	77880	89950
5	固定成本	30000					
6	总成本	61500	70300	79760	90000	107880	119950

图 1－5　绝对引用示例

1.2.2.2.3　**混合引用**

混合引用模式，是指需要固定某行引用而改变列引用，或需固定某列引用而改变行引用时使用的一种方式。

【例 1－4】 制作乘法口诀表。

（1）在单元格 A2：A10 中，输入 1～9 等差数列，将数列复制。

（2）选中单元格 B1：J1，点击鼠标右键，选择“粘贴”中的“转置粘贴”，再次输入 1～9 数列。

（3）选择单元格 B2，在其中输入 =$A2*B$1（选中单元格 A2，按 F4 键三次，选中单元格 B1，按 F4 键两次）。

（4）用填充柄向右拖拽，进而向下拖拽，如图 1－6 所示。

B2　　=$A2*B$1

	A	B	C	D	E	F	G	H	I	J
1		1	2	3	4	5	6	7	8	9
2	1	1	2	3	4	5	6	7	8	9
3	2	2	4	6	8	10	12	14	16	18
4	3	3	6	9	12	15	18	21	24	27
5	4	4	8	12	16	20	24	28	32	36
6	5	5	10	15	20	25	30	35	40	45
7	6	6	12	18	24	30	36	42	48	54
8	7	7	14	21	28	35	42	49	56	63
9	8	8	16	24	32	40	48	56	64	72
10	9	9	18	27	36	45	54	63	72	81

图 1－6　混合引用示例

说明：向右填充时，是"列变行不变"；向下填充时，是"行变列不变"。

1.2.2.3　复制公式

（1）在单元格 A1 中，输入数字 1；

（2）在单元格 A2 中，输入 = A1 * 2 + 3，按回车键；

（3）返回单元格 A2，按下组合键 Ctrl + C，复制单元格 A2 的内容；

（4）点击单元格 A3；

（5）按住 Shift 键，同时按下向下箭头键多次，松开组合键，按回车键。

说明：公式结构得到不断复制。

1.2.2.4　常用函数介绍

常用函数如表 1 − 1 所示。

表 1 − 1　　　　　　　　　　　常用函数

函数	功能	使用语法及举例
SUM( )	求和	= SUM(A1 : A5)单元格连续 = SUM(A1,B3,D6,F9,A5)单元格不连续
SUMIF( )	指定条件求和	= SUMIF(A1 : A5" > 3000")
AVERAGE( )	求平均值	= AVERAGE(A1 : A5)单元格连续 = AVERAGE(A1,B3,D6,F9)单元格不连续
MAX( )	求最大值	= MAX(A1 : A5)单元格连续 = MAX(A1,B3,D6,F9)单元格不连续
MIN( )	求最小值	= MIN(A1 : A5)单元格连续 = MIN(A1,B3,D6,F9)单元格不连续
COUNT( )	求参数个数	= COUNT(A1 : A5)
COUNTIF( )	求指定条件参数个数	= COUNTIF(A1 : A5," > 3000")

1.2.2.5　单一函数输入方法

函数的输入可以采用手动输入的方法，也可以采用粘贴函数的方法。采用粘贴函数的方法具体步骤如下。

（1）选择要插入函数的单元格。

（2）从【公式】中选择【插入函数】命令，则会弹出【粘贴函数】对话框。

（3）从"函数分类"列表窗中选定某类函数，然后从"函数名"列表窗中选择所需要的函数。点击"确定"按钮，系统就会弹出该函数的对话框。

（4）输入相应的参数，点击"确定"按钮。

1.2.2.6　单一函数应用举例

1. IF 函数

IF 函数的功能是根据参数条件的真假，返回不同的结果。公式为：

$$= IF(logical\_test, value\_if\_true, value\_if\_false)$$

logical_test——条件表达式；

value_if_true——结果为 TRUE 时返回的值；

value_if_false——结果为 FALSE 时返回的值。

IF 函数在财务管理中具有非常广泛的应用。

【例 1 - 5】某企业的客户表，甲类客户可以享受 10% 的折扣，乙类客户可以享受 5% 的折扣，利用 IF 函数可以很方便地输入相关数据。

在单元格 C2 中输入" = IF(B2 = "甲",10%,5%)"，然后用填充柄往下拖拽即可（见图 1 - 7）。

2. 嵌套函数输入方法

若函数中的参数为另外一个函数，例如，在单元格 A2 中输入公式 " = SUM(B3,B4,AVERAGE(B7:D7))"，操作过程如下。

C2		fx	=IF(B2="甲",10%,5%)	
	A	B	C	D	E
1	客户	客户类型	价格折扣		
2	A公司	甲	10%		
3	B公司	乙	5%		
4	C公司	甲	10%		
5	D公司	乙	5%		
6	E公司	乙	5%		
7	F公司	甲	10%		
8	G公司	乙	5%		
9	H公司	乙	5%		

图 1 - 7   IF 函数示例

（1）点击单元格 A2，插入 SUM 函数，出现如图 1 - 8 所示的对话框。

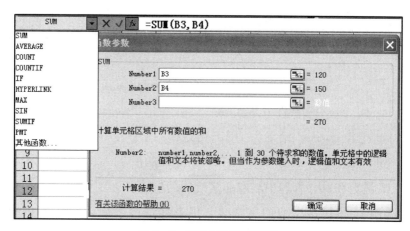

图 1 - 8   SUM 函数对话框

（2）在第一个参数栏输入 B3，第二个参数栏输入 B4。

（3）出现第三个编辑栏时，点击公式编辑栏左侧的函数下拉按钮，弹出函数下拉列表框，从中选择 AVERAGE 函数，则再次弹出 AVERAGE 的对话框，继续操作，就可完成嵌套函数的输入工作。

注意：函数嵌套不能超过 7 级。

【作业】1. 按图进行数据输入练习

数据输入练习要求如图 1-9 所示。

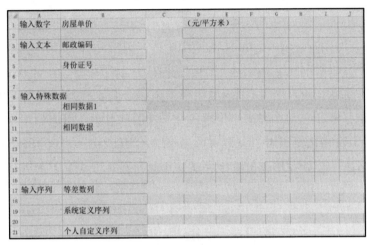

图 1-9　数据输入练习要求

2. 制作九九乘法口诀表

3. 数组公式练习

实验 2　建 立 图 表

【学习目标】

掌握通过相关数据在 Excel 中建立数据表格，并能创建相应的图表，理解常见的图表类型的作用、特点及了解数据与图表的关系；通过对 Excel 图表的学习，理解并掌握图表（柱状图、折线图和饼图）类型的选择，学会根据图表进行简单的数据分析，表述自己的观点。

2.1　准备图表数据

2.1.1　三大数据图表

2.1.1.1　柱状图

柱状图是使用矩形条对不同类别进行数值比较的统计图表。在柱状图上，分类变量的每个实体都被表示为一个矩形（通俗讲即"柱子"），而数值则决定了柱子的高度。

2.1.1.1.1　适用场景

柱状图适用于小数据集分析，如果采用柱状图处理大数据集，则无法区分每种之间的数据对比。

2.1.1.1.2　柱状图的相似图表

分组柱状图：可以在同一个轴显示各个分类下不同的分组。

堆积柱状图：比较同类别各变量和不同类别变量总和差异。

百分比堆积柱状图：适合展示同类别的每个变量的比例。

2.1.1.2　折线图

如果说柱状图适合典型的二维小数据集分析，那么折线图就是典型的二维大数据集分析工具。它可展示数据随时间或有序类别的波动情况的趋势变化。

2.1.1.2.1　适用场景

折线图适用于二维的大数据集，还适用于多个二维数据集的比较。一般用来表示趋势的变化，横轴一般为日期字段。其优势是容易反映数据变化的趋势。

2.1.1.2.2　折线图的相似图表

面积图：用面积展示数值大小，展示数量随时间变化的趋势。

堆积面积图：比较同类别各变量和不同类别变量总和差异。

百分比堆积面积图：比较同类别的各个变量的比例差异。

2.1.1.3　饼图

饼图最显著的功能在于表现"占比"，饼图可以很好地帮助用户快速了解数据的占比分配，如男女比例。

2.1.1.3.1　适用场景

饼图不适用于多分类的数据，原则上一张饼图不可多于 9 个分类，因为随着分类的增多，每个切片就会变小，最终导致大小区分不明显或每个切片看上去都差不多大小，这样对于数据的对比是没有什么意义的。所以饼图不适用于数据量大且分类很多的场景。并且，相比具备同样功能的其他图表（如百分比柱状图、环图），饼图需要占据更大的画布空间。

2.1.1.3.2　饼图的相似图表

环形图：挖空的饼图，中间区域可以展现数据或者文本信息。

玫瑰饼图：对比不同类别的数值大小。

旭日图：展示父子层级的不同类别数据的占比。

2.1.2　图表数据

图 2 - 1 是甲企业销售额及净利润，下面结合该表介绍如何使用图表向导建立图表。

	A	B	C
1	年份	净利润	销售额
2	2023	187	284
3	2022	178	275
4	2021	165	248
5	2020	160	242
6	2019	152	230

图 2 - 1　甲企业销售额及净利润

2.2　复制工作表

2.2.1　复制工作表

在实际工作中，经常需要将工作表进行复制备份，方法是：鼠标右键点击要复制的工作表标签，在快捷菜单中选择"移动或复制工作表"命令，则出现【移动或复制工作表】对话框，选择目的工作和摆放位置，并且需要选中对话框图下部的"建立副本"，点击"确定"即可。若需要将一个工作簿中的工作表复制到另一个工作簿中，方法是：先打开要复制到的目标工作簿，再鼠标右键点击要复制的工作表标签，选择"移动或复制工作表"命令，从"工作簿"下拉菜单中选择目的工作簿，勾选"建立副本"即可。

2.2.2　复制图表

复制图表的具体方法是：点击图表区，将它激活，图表边框会出现八个操作柄，按住"Ctrl"键，在图表区按住鼠标左键不放，拖动鼠标将图表移到需要的位置，然后放开鼠标；若需要将图表复制到其他工作表或其他文件中，可选取图表，按"Ctrl"＋"C"键，再在需要放置图表的适当位置按"Ctrl"＋"V"键。

如何保证图表复制到论文中的清晰度，需要把图表转换为矢量图格式。

（1）把图表复制到 PPT 中，另存为矢量图格式，如图 2 - 2 所示。

（2）将矢量图格式的图表复制到 Word 中。

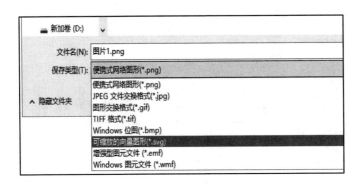

图 2 - 2　矢量图格式

2.3　绘 制 图 表

建立图表的过程非常简单，只要按照图表向导的提示一步步操作，即可完成图表的制作。下面结合实例介绍图表的建立过程。

2.3.1　绘制柱状图

2.3.1.1　选择数据、插入图表

选定数据所在的单元格区域，如果希望数据的行列标志也显示在图表中，在选定区域时，应将它们包含在内。

切换至【插入】选项卡，在【图表】组中点击右下角的对话框启动器，弹出【插入图表】对话框，切换至【所有图表】选项卡，在左侧单击【柱形图】选项，然后在右侧选择"簇状柱形图"，如图 2-3 所示，经过以上操作就可以完成插入图表。

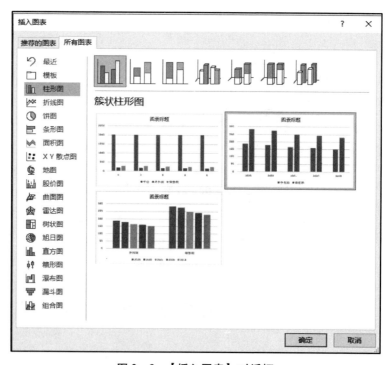

图 2-3　【插入图表】对话框

2.3.1.2　设置图表选项

此时图表已经创建，如图 2 - 4 所示，但许多选项卡设置不完整，如标题、坐标轴、网格线等，用户可以根据需要进行设置。

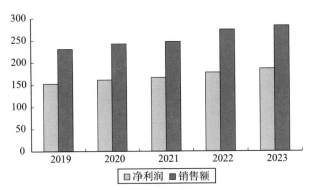

图 2 - 4　甲企业销售额及净利润图表

2.3.1.2.1　设置图表标题

（1）选中图表，切换至【图表设计】选项卡，点击【图表布局】组中的【添加图表元素】按钮，在弹出的下拉菜单中依次选择【图表标题】→【图表上方】选项，如图 2 - 5 所示。

图 2 - 5　设置图表标题

（2）在图表中可看见添加的图表标题，输入标题文本，如输入"甲企业销售额及净利润图表"。

（3）切换至【开始】选项卡，在【字体】组中设置字体、字号、字形等。

2.3.1.2.2 设置数据系列格式

（1）选中工作表中的图表，鼠标右键点击数据系列，在弹出的快捷菜单中点击"设置数据系列格式"命令，如图2-6所示。

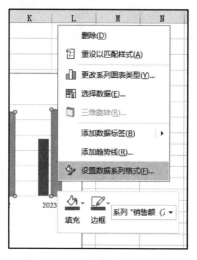

图2-6 设置数据系列格式

（2）在工作表右侧弹出【设置数据系列格式】的窗格，如图2-7所示。根据需要对"填充"和"边框"进行设置。

2.3.1.2.3 设置坐标轴和轴标题

（1）选中图表，切换至【图表设计】选项卡，点击【图表布局】组中的【添加图表素】按钮，在弹出的下拉菜单中依次选择【坐标轴标题】→【主要横坐标轴】选项，如图2-8所示。

图 2-7　【设置数据系列格式】窗格

图 2-8　设置轴标签

（2）再次点击【图表布局】组中的【添加图表元素】按钮，在弹出的下拉菜单中依次选择【坐标轴标题】→【主要纵坐标轴】选项，添加纵坐标标题。

（3）添加坐标轴标题后，为坐标轴输入相应的标题，然后根据需要设置标题的字体等。本例中横坐标轴标题为"时间"，纵坐标轴标题为"万元"。

（4）选择设置横坐标轴格式。选中工作表中的图表，用鼠标右键点击横坐标轴，在弹出的快捷菜单中点击"设置坐标轴格式"命令，如图2-9所示。

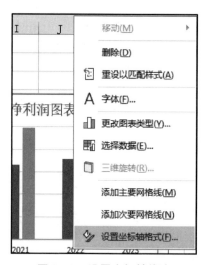

图2-9　设置坐标轴格式

（5）在工作表右侧弹出【设置坐标轴格式】的窗格，如图2-10所示。根据需要对"坐标轴选项"和"文本选项"进行设置。再次用鼠标右键点击纵坐标轴，点击"设置坐标轴格式"命令，以相同的方法设置纵坐标轴格式。

2.3.1.2.4　设置图例

（1）选中图表，切换至【图表设计】选项卡，点击【图表布局】组中的【添加图表元素】按钮，在弹出的下拉菜单中依次选择【图例】→【底部】选项，如图2-11所示。

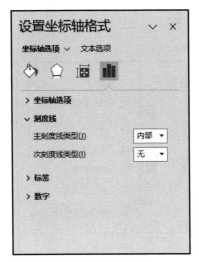

图 2 – 10　【设置坐标轴格式】窗格

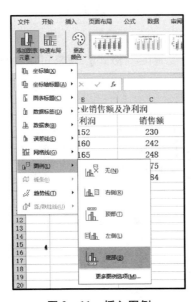

图 2 – 11　插入图例

（2）此时可在图表右侧看见添加的图例，选中该图例，用鼠标右键点击图例任意位置，在弹出的快捷菜单中点击"设置图例格式"

命令，如图 2 – 12 所示。

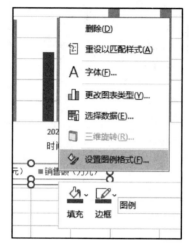

图 2 – 12　设置图例格式

（3）在右侧的【设置图例格式】窗格可以对图例的"填充线条"
"效果""图例选项"进行修改，如图 2 – 13 所示。

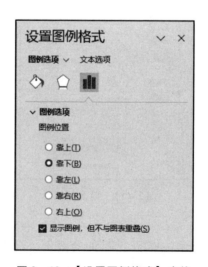

图 2 – 13　【设置图例格式】窗格

2.3.1.2.5　设置网格线

（1）选中图表，切换至【图表设计】选项卡，点击【图表布局】组中的【添加图表元素】按钮，在弹出的下拉菜单中依次选择【网格线】→【主轴主要水平网格线】选项，如图 2 – 14 所示。

图 2 – 14　设置网格线

（2）再次点击【图表布局】组中的【添加图表元素】按钮，在弹出的下拉菜单中依次选择【网格线】→【主轴主要垂直网格线】选项。

2.3.1.2.6　设置数据标签

（1）选中图表，切换至【图表设计】选项卡，点击【图表布局】组中的【添加图表元素】按钮，在弹出的下拉菜单中依次选择【数据标签】→【数据标签外】选项，如图 2 – 15 所示。

（2）选中要进行字体设置的数据标签，切换至【开始】选项卡，在【字体】组中根据需要更改字体、字号、字形等。

2.3.1.3　完成图表的创建

结果如图 2 – 16 所示。

图 2 – 15 设置数据标签

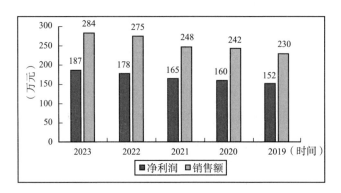

图 2 – 16 甲企业销售额及净利润图表

2.3.2 绘制折线图

2.3.2.1 选择数据、插入图表

在绘制折线图时，正如之前所做的那样，选择单元格区域 A2：C7，切换至【插入】选项卡，在【图表】组中点击右下角的对话框

启动器，弹出【插入图表】对话框，切换至【所有图表】选项卡，在左侧点击【折线图】选项，如图 2 - 17 所示。

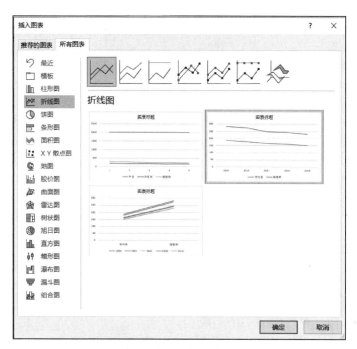

图 2 - 17　【插入图表】对话框

2.3.2.2　设置数据系列格式

（1）选中工作表中的图表，右击数据系列，在弹出的快捷菜单中点击"设置数据系列格式"命令。

（2）在工作表右侧弹出【设置数据系列格式】的窗格，点击【填充与线条】组中的【标记】按钮，在弹出的下拉菜单中依次设置【标记选项】→【填充】与【边框】选项，如图 2 - 18 所示，通过添加不同标记加以区分不同数据系列。如图 2 - 18 所示。

其他操作均与绘制柱状图类似，不再赘述，图表创建结果如图 2 - 19 所示。

图 2 - 18 【设置数据系列格式】窗格

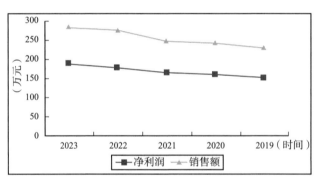

图 2 - 19 甲企业销售额及净利润折线图

2.3.3 绘制饼图

2.3.3.1 选择数据、插入图表

在绘制折线图时，正如之前所做的那样，选择单元格区域 A2：B7，切换至【插入】选项卡，在【图表】组中点击右下角的对话框启动器，弹出【插入图表】对话框，切换至【所有图表】选项卡，在左侧点击【饼图】选项，如图 2 - 20 所示。

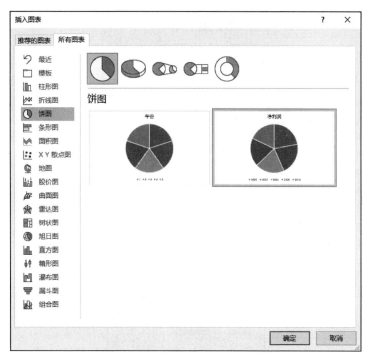

图 2 - 20　【插入图表】对话框

2.3.3.2　设置数据点格式

（1）选中工作表中的图表，鼠标右键点击数据点，在弹出的快捷菜单中点击"设置数据点格式"命令。

（2）在工作表右侧弹出【设置数据点格式】的窗格，如图 2 - 21 所示。根据需要对"填充与线条"进行设置。

2.3.3.3　设置数据标签格式

（1）选中工作表中的图表，用鼠标右键点击数据标签，在弹出的快捷菜单中点击"设置数据标签格式"命令。

（2）在工作表右侧弹出【设置数据标签格式】的窗格，如图 2 - 22 所示。根据需要对"标签选项"和"文本选项"进行设置。

图 2 - 21　【设置数据点格式】窗格

图 2 - 22　【设置数据标签格式】窗格

其他操作均与绘制柱状图类似，此处不再赘述。

【例 2 - 1】甲企业 20 × 3 年实现 187 万元净利润，其中，服装类商品净利润为 93 万元，生活用品类净利润为 58 万元，休闲娱乐类净利润为 36 万元，具体占比情况如图 2 - 23 所示。

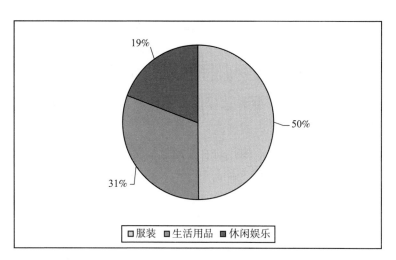

图 2 - 23　甲企业 20 × 3 年净利润中各个类别占比情况

2.3.4　编辑图表

2.3.4.1　改变图表大小

点击图表区，将它激活，图表边框会出现八个操作柄。用鼠标指向某个操作柄，当鼠标指针呈现双箭头时，按住左键不放，拖动操作柄到需要的位置上，然后放开鼠标左键即可完成。

2.3.4.2　编辑图表中的数据

图表建立之后，用户可以根据需要对图表中的数据进行添加、删除、修改等操作。

2.3.4.2.1　添加数据

（1）用鼠标拖动数据源区域的边框，使之包含要添加的数据区域，这种方法适用于邻近区域的添加。

（2）使用复制与粘贴的方法向图表中添加数据，这种方法对任何数据区域都是适用的。

例如，要将图 2 - 16 所示的甲企业销售额及净利润图表加入

2016～2018 年的数据,直接用鼠标拖动数据源区域的操作步骤如下。

(1)点击图表区,将它激活,图表边框出现八个操作柄。

(2)移动鼠标到源数据选定框右下角的方块上,鼠标形状会变为东南西北方向的双箭头的样式。

(3)按住鼠标左键不放并向右拖动,使其包含数据区域 A8:C10。

(4)释放鼠标左键,则所需区域数据被添加到图表中,如图 2－24 所示。

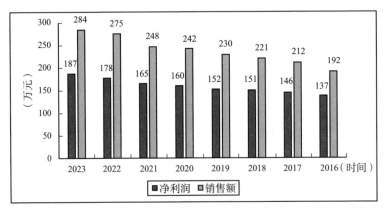

图 2－24　添加新数据区域后的图表效果

2.3.4.2.2　删 除 数 据

当图表中的一些数据不再需要时,可以将它们删除,但是删除有两种情况:一种是只删除图表中的数据,保留工作表里的数据;另一种是将工作表和图表里的数据一起删除。

对于后一种情况,用户可以直接在工作表中选定要删除的区域,然后按"Delete"键,这样图表和工作表中的数据都会自动删除。

如果只想删除图表中的数据,而保留工作表中的数据,则操作步骤如下。

（1）在图表中选定要清除的数据。

（2）在选定的数据系列上点击鼠标右键，在弹出的快捷菜单中选择【删除】选项。

2.3.4.2.3　更改数据

更改图表中的数据可直接修改工作表，这样图表也会随着工作表数据的改变而改变。

2.3.4.3　更改图表类型

当用户希望图表中的数据以两种不一样的图形呈现时，采用以下具体步骤：选中图表，切换至【图表设计】选项卡，点击【类型】组中的【更改图表类型】按钮，弹出【更改图表类型】对话框，切换至【所有图表】选项卡，在左侧点击【组合图】选项，如图 2 - 25 所示，经过以上步骤就完成了插入图表的操作，如图 2 - 26 所示。

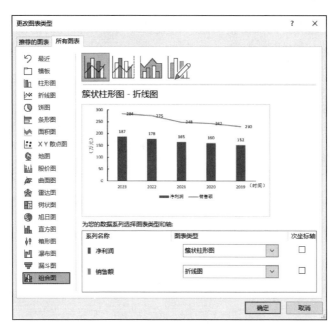

图 2 - 25　【更改图表类型】对话框

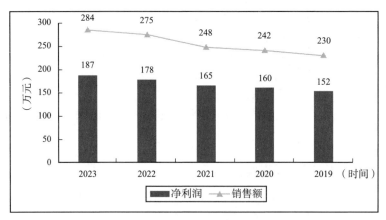

图 2 – 26　组合图

2.3.4.4　改变图表颜色、图案和边框

用鼠标对准图表区，点击鼠标右键，系统弹出快捷菜单。在快捷菜单中选择【设置图表区格式】命令，工作表右侧弹出【设置图表区格式】窗格。在该窗格下进行设置，即可完成相应的修改。

实验 3　建立特殊图表

【学习目标】

了解图表和图表新功能的作用，掌握图表的制作方法，能够根据不同情景选择并制作合适的图表。

【背景】

财务数据通常是庞大而又复杂单纯的数字，很难让人直观地理解和比较，通过使用 Excel 的图表功能，我们可以将财务数据转化为直观的图形，如折线图、柱状图、饼图等，使数据变得更加易于理解和比较。

3.1　平　均　线　图

平均线图就是在原来的柱形图或者折线图的基础上添加一条平均线。当然并不一定要采用平均线，也可以采用其他值，如中位数（median）、众数（mode）等。现以某公司近 10 年销售收入为例，制作平均线图，操作步骤如下。

（1）先算出所有数据的平均值，并且在数据表中增加一列。

（2）选取单元格当中的数据制作柱形图（折线图也可以制作平均线图）。

（3）选择柱形图中平均值的任意柱条，点击鼠标右键选择【更改系列图表类型】，把柱形图改为折线图（不带数据标记）。并把柱形图改成无填充、有线条的样式。平均线图基本制作完成（见图 3-1）。

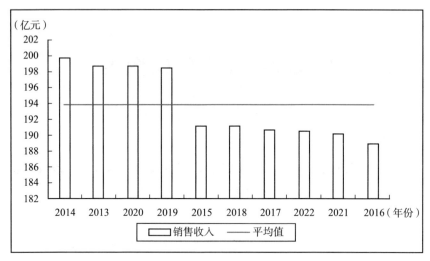

图 3 - 1　平均线图

3.2　特殊图表：双坐标轴图

双坐标图用于两个（或以上）数据系列的量纲不同，或者数据差异很大的情况，可以很好地展现数据原本的面貌。双坐标图比普通图多了一个纵坐标轴，左轴为主坐标轴，右轴为次坐标轴。

以某公司 2018～2022 年实际销售额与计划销售额制作双坐标图（见图 3 - 2），具体操作步骤如下。

（1）选取单元格当中的数据制作折线图。

（2）选择折现图中【计划销售额】数据系列。

（3）点击鼠标右键，选择【设置数据系列格式】。

（4）在弹出的对话框中，选择【系列选项】。

（5）然后在【系列绘制】选项下，点击【次坐标轴】，最后点击关闭按钮。

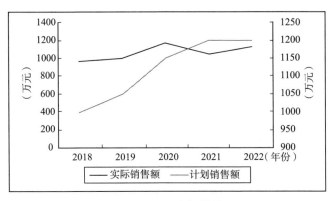

图 3 - 2　双坐标轴图

3.3　特殊图表：漏斗图

漏斗图是柱形图的变体，它更侧重于表现流程中的层层转化效果。漏斗图可以呈现各环节的数据，用以直观比较转化效果是否符合预期。以某商店 11 月购买转化率为例制作漏斗图（见图 3 - 3），操作步骤如下。

选中单元格中的数据，在【所有图表】中选择漏斗图。漏斗图基本制作完成。

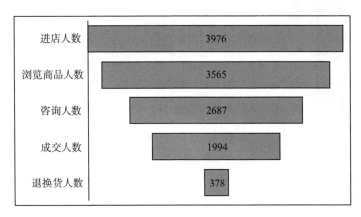

图 3 - 3　漏斗图

3.4 其他特殊图

3.4.1 瀑布图

瀑布图可以反映两个数据之间的演变过程。例如，瀑布图可以反映出资金结余和存款之间的关系。以某人 11 月资金收入和支出情况为例制作瀑布图（见图 3-4），具体操作步骤如下。

（1）选取单元格当中的数据，在【所有图表】中选择瀑布图。

（2）选中结余这一条柱子，点击鼠标右键选择【设置数据标签】，勾选【设置为汇总】。（这一步是因为插入瀑布图后，默认最后的汇总项也是正增长的数据项）瀑布图基本制作完成。

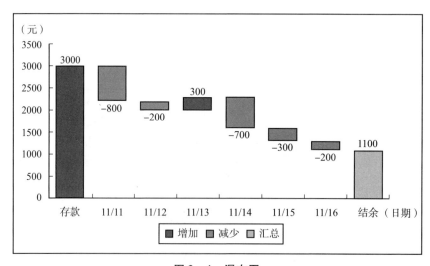

图 3-4 瀑布图

3.4.2 温度计图

温度计图（见图3-5）因形状像温度计而得名。在财务、项目、销售等领域，经常需要用到两组数据的比较，如计划—实际、目标—完成率等。利用温度计图，将注意力集中在实际完成额上，而目标额用空的形状表示，实际与目标值的占比情况一目了然。

以某门店20×3年前三季度实际销售额与计划销售额为例制作温度计图，具体操作步骤如下。

（1）选取单元格当中的数据制作柱形图。

（2）选择柱形图中柱条，点击鼠标右键选择【设置数据系列格式】，将【计划销售额】系列设置为白色填充、黑色粗实线框。【实际销售额】系列设置为绿色填充，边框无颜色。

（3）右键点击绿色系列，选择【设置数据系列格式】，选择系列绘制在【次坐标轴】，调整绿色系列的间隙宽度调宽。

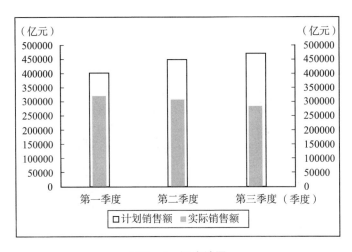

（扫描二维码
获取图3-5
彩色版）

图3-5　温度计图

（4）分别选中左侧和右侧的坐标轴，根据实际情况设置相同并且合适的最大值。温度计图基本制作完成。

3.4.3　控制线图

控制线图（见图3-6）可以设置一条甚至多条控制线，用于实时监测一定范围内的数据，其控制线可以根据数据源的大小分布自动调节位置。

以某地区近5年商品房销售面积为数据源制作控制线图，具体操作步骤如下。

（1）先算出所有数据的平均值，并且在数据表中增加一列。

（2）再增加一列【高于平均值】，在单元格中输入 = IF（B2 > C2,B2,0），下拉填充。

（3）选取单元格当中的数据制作柱形图。

（4）选择柱形图中的平均值柱条，点击鼠标右键选择【更改系列图表类型】，选择【组合图】，将平均值系列图表类型改为折线图。

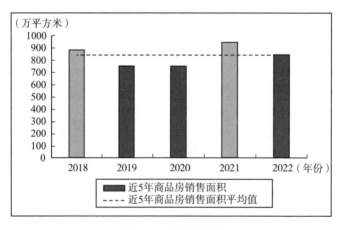

图3-6　控制线图

（扫描二维码
获取图3-6
彩色版）

（5）选中其中任意柱形，点击鼠标右键选择【设置数据系列格式】，将【系列重叠】改为 100%。

（6）选中折线，点击鼠标右键选择【设置数据系列格式】，在【填充与线条】选项下，将颜色改为红色，【短划线类型】改为虚线。

（7）选中图例，点击【高于平均值】，将其删除。控制线图基本制作完成。

3.4.4　帕累托图

帕累托图（见图 3 - 7）不仅可以自动等距离划分区间、自动统计频次（每个区间包含的数据数量），还可以自动按照从大到小的顺序排列，其中的折线为逐个区间累计百分比。

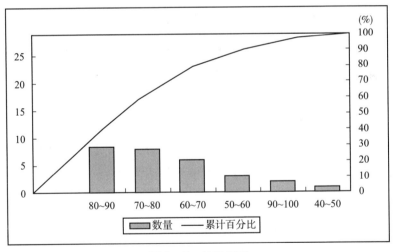

图 3 - 7　帕累托图

以某公司 11 月各门店销售额为例制作帕累托图（见图 3 - 8），具体操作步骤如下。

（1）需要先在累计百分比多准备一个 0% 的行。

销售额（万元）	数量	累计百分比
		0%
80-90	9	31%
70-80	8	59%
60-70	6	79%
50-60	3	90%
90-100	2	97%
40-50	1	100%

图3-8　11月各门店销售额数据

（2）选择数据源制作簇状柱形图。

（3）选中累计百分比系列柱形，点击鼠标右键选择【更改系列图表类型】，在【组合图】中将累计百分比系列图表类型改为折线图，并勾选【次坐标轴】。

（4）添加图表元素，点击【坐标轴】旁边的三角菜单，选择【次要横坐标轴】。

（5）选中次要横坐标轴，点击鼠标右键选择【设置坐标轴格式】，将【坐标轴位置】改为【在刻度线上】，使折线向左偏移（次要横坐标轴不能删，否则折线图就会归位）。

（6）选中其中任意柱形，点击鼠标右键选择【设置数据系列格式】，将【分类间距】改为0。

（7）选中次要横坐标轴，点击鼠标右键选择【设置数据系列格式】，将【文本选项】中的【文本填充】改为白色，从而隐藏顶上的次坐标轴。

（8）选中网格线，点击鼠标右键选择【设置网格线格式】，将【线条】选为【无线条】。

（9）选中横坐标轴，点击鼠标右键选择【设置坐标轴格式】，将【填充与线条】选项下的【线条】改为【实线】，颜色改为黑色，其他三个坐标轴操作相同。

（10）选中主纵坐标轴，点击鼠标右键选择【设置坐标轴格式】，将最大值设为合计数，选中次纵坐标轴，点击鼠标右键选择【设置坐标轴格式】，将最大值设为 100%。

3.4.5　仪表盘

仪表盘是在一张表格中联合使用图表、数据表、图形、文字、颜色等多种手段，针对特定的主题目标，实时展现各种数据状态的综合型表格。

以某公司不同地区销售目标完成率为例制作仪表盘，具体操作步骤如下。

（1）制作上半部分的刻度盘，在任意一列单元格中输入五个 36 和一个 180，并选择该数据源制作圆环图。

（2）选中圆环，点击鼠标右键选择【设置数据系列格式】，将【第一扇区起始角度】改为 270°。

（3）选中下方的半圆环，点击鼠标右键选择【设置数据系列格式】，将颜色改为白色，线条选择无线条。

（4）点击【插入】选项卡，选择文本框，在文本框中输入 0%，用鼠标拖曳至合适位置，其他五个文本框操作相同。

（5）准备制作指针数据源，分别为销售额占比度数为实际销售额除目标销售额乘 180，指针所占度数为 5，剩余度数为 360 − 销售额占比度数 − 指针所占度数。选择该数据源制作饼图。

（6）选中圆环，点击鼠标右键选择【设置数据系列格式】，将【第一扇区起始角度】改为 270°。

（7）分别选中除指针外的其他两个部分，点击鼠标右键选择【设置数据系列格式】，将【填充】改为无填充，【线条】改为无线条，指针部分也将其改为无线条。将标题和图例部分删除，即可得到指针。

（8）将饼图拖拽到仪表板合适位置，选中圆，调整到合适大小。仪表盘基本制作完成（见图3-9）。

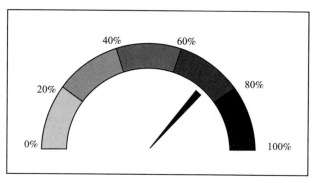

图3-9 仪表盘

3.5 图表新功能

3.5.1 突出显示单元格

突出显示单元格，就是根据指定的规则，把表格中符合条件的单元格用不同颜色背景、字体颜色将数据突出显示出来，可设置的常规规则有：大于、小于、等于、介于、重复值，也可以另外设置其他规则。

以中国各省（区、市）的地区生产总值分布表为例。如果想知道2022年其中哪些省份生产总值大于20000亿元，操作步骤如下。

（1）选取2022年这一列的所有单元格数据。

（2）点击【开始】选项卡，在【样式】组中点击【条件格式】，选择【突出显示单元格规则】【大于】，弹出【条件格式规则管理器】对话框。

（3）在对话框中输入【20000】，并设置所需突出显示的单元格样式，这里我们选择【浅红色填充，深红色文本】，并点击【确定】。

通过上述操作，即可把 2022 年地区生产总值大于 2 万亿元的区域凸显出来（见图 3 – 10）。

地区生产总值					
地区	2022年	2021年	2020年	2019年	2018年
北京市	41610.9	41045.6	35943.3	35445.1	33106
天津市	16311.3	15685.1	14008	14055.5	13362.9
河北省	42370.4	40397.1	36013.8	34978.6	32494.6
山西省	25642.6	22870.4	17835.6	16961.6	15958.1
内蒙古自治区	23158.6	21166	17258	17212.5	16140.8
辽宁省	28975.1	27569.5	25011.4	24855.3	23510.5
吉林省	13070.2	13163.8	12256	11726.8	11253.8
黑龙江省	15901	14858.2	13633.4	13544.4	12846.5
上海市	44652.8	43653.2	38963.3	37987.6	36011.8
江苏省	122875.6	117392.4	102807.7	98656.8	93207.6
浙江省	77715.4	74040.8	64689.1	62462	58002.8
安徽省	45045	42565.2	38061.5	36845.5	34010.9
福建省	53109.9	49566.1	43608.6	42326.6	38687.8
江西省	32074.7	29827.8	25782	24667.3	22716.5

（扫描二维码
获取图 3 – 10
彩色版）

图 3 – 10　突出显示单元格

3.5.2　最前/最后规则

最前/最后规则与突出显示单元格同样是根据指定的规则，把表格中符合条件的单元格用不同颜色背景、字体颜色将数据突出显示出来。区别在于突出显示单元格的指定值是与原始数据直接相关的数据，而最前/最后规则指定值是对原始数据经过计算后的数据，如高于【平均值】等。

操作步骤与前述相似，本次选择【绿填充色，深绿色文本】。通过上述操作，即可把 2022 年生产总值大于平均值的区域凸显出来（见图 3 – 11）。

地区生产总值					
地区	2022年	2021年	2020年	2019年	2018年
北京市	41610.9	41045.6	35943.3	35445.1	33106
天津市	16311.3	15685.1	14008	14055.5	13362.9
河北省	42370.4	40397.1	36013.8	34978.6	32494.6
山西省	25642.6	22870.4	17835.6	16961.6	15958.1
内蒙古自治区	23158.6	21166	17258	17212.5	16140.8
辽宁省	28975.1	27569.5	25011.4	24855.3	23510.5
吉林省	13070.2	13163.8	12256	11726.8	11253.8
黑龙江省	15901	14858.2	13633.4	13544.4	12846.5
上海市	44652.8	43653.2	38963.3	37987.6	36011.8
江苏省	122875.6	117392.4	102807.7	98656.8	93207.6
浙江省	77715.4	74040.8	64689.1	62462	58002.8
安徽省	45045	42565.2	38061.5	36845.5	34010.9
福建省	53109.9	49566.1	43608.6	42326.6	38687.8
江西省	32074.7	29827.8	25782	24667.3	22716.5
山东省	87435.1	82875.2	72798.2	70540.5	66648.9

图 3-11 最前/最后规则

（扫描二维码
获取图 3-11
彩色版）

3.5.3 数据条

在观察海量数据时，如只需粗略直观显示某一数值的相对位置，可使用数据条功能。数据条可以帮助比较某个单元格相对于其他单元格的值。数据条的长度表示单元格的值，数据条越长表示值越大，相反就越短。操作步骤与前述相似，在【样式】组中点击【条件格式】，选择【数据条】即可（见图 3-12）。

3.5.4 图标集

使用图标集可以对数据按阈值（临界值）进行分类，每个图标代表一类范围的值。在三色图标集中，绿色代表较高值，黄色代表中间，红色代表较低。在【图标集】【其他规则】中设置分类标准。图 3-13 系按国内生产总值【10000 亿元】和【30000 亿元】作为临界值进行分类后的结果。

地区生产总值					
地区	2022年	2021年	2020年	2019年	2018年
北京市	41610.9	41045.6	35943.3	35445.1	33106
天津市	16311.3	15685.1	14008	14055.5	13362.9
河北省	42370.4	40397.1	36013.8	34978.6	32494.6
山西省	25642.6	22870.4	17835.6	16961.6	15958.1
内蒙古自治区	23158.6	21166	17258	17212.5	16140.8
辽宁省	28975.1	27569.5	25011.4	24855.3	23510.5
吉林省	13070.2	13163.8	12256	11726.8	11253.8
黑龙江省	15901	14858.2	13633.4	13544.4	12846.5
上海市	44652.8	43653.2	38963.3	37987.6	36011.8
江苏省	122875.6	117392.4	102807.7	98656.8	93207.6
浙江省	77715.4	74040.8	64689.1	62462	58002.8
安徽省	45045	42565.2	38061.5	36845.5	34010.9
福建省	53109.9	49566.1	43608.6	42326.6	38687.8
江西省	32074.7	29827.8	25782	24667.3	22716.5

图 3 – 12　数据条

地区生产总值					
地区	2022年	2021年	2020年	2019年	2018年
北京市	41610.9	41045.6	35943.3	35445	33106
天津市	16311.3	15685.1	14008	14056	13362.9
河北省	42370.4	40397.1	36013.8	34979	32494.6
山西省	25642.6	22870.4	17835.6	16962	15958.1
内蒙古自治区	23158.6	21166	17258	17213	16140.8
辽宁省	28975.1	27569.5	25011.4	24855	23510.5
吉林省	13070.2	13163.8	12256	11727	11253.8
黑龙江省	15901	14858.2	13633.4	13544	12846.5
上海市	44652.8	43653.2	38963.3	37988	36011.8
江苏省	122875.6	117392.4	102807.7	98657	93207.6
浙江省	77715.4	74040.8	64689.1	62462	58002.8
安徽省	45045	42565.2	38061.5	36846	34010.9
福建省	53109.9	49566.1	43608.6	42327	38687.8
江西省	32074.7	29827.8	25782	24667	22716.5
山东省	87435.1	82875.2	72798.2	70541	66648.9

图 3 – 13　图标集

（扫描二维码
获取图 3 – 13
彩色版）

3.5.5　迷你图

　　迷你图是工作表单元格中的一个微型图标，可以提供对数据的形象表示，使用迷你图可以显示数值系列中的趋势，或者突出显示最大值和最小值。迷你图的特点是小，小到可以"塞"到一个单元格中。

　　选定需要制作迷你图的单元格 G5，点击【插入】选项卡，在【迷你图】组中选择【迷你折线图】，弹出对话框，选择所需制作迷你图的数据范围 B5：F5，点击"确定"按钮即可生成。其他省份的图只需要用填充柄向下拖拽即可（见图 3 – 14）。

地区生产总值					
地区	2022年	2021年	2020年	2019年	2018年
北京市	41610.9	41045.6	35943.3 ●	35445	33106
天津市	16311.3	15685.1	14008 ●	14056	13362.9
河北省	42370.4	40397.1	36013.8 ●	34979	32494.6
山西省	25642.6	22870.4	17835.6 ●	16962	15958.1
内蒙古自治区	23158.6	21166	17258 ●	17213	16140.8
辽宁省	28975.1	27569.5	25011.4 ●	24855	23510.5
吉林省	13070.2	13163.8	12256 ●	11727	11253.8
黑龙江省	15901	14858.2	13633.4 ●	13544	12846.5
上海市	44652.8	43653.2	38963.3 ●	37988	36011.8
江苏省	122875.6	117392.4	102807.7 ●	98657	93207.6

图 3 – 14　迷你图

实 验 4　数 据 处 理

【学习目标】

通过本实验的学习，你可以系统地了解数据排序和筛选的概念、种类及方法，掌握排序和筛选的操作步骤，能够灵活应用排序和筛选解决常见的数据处理问题，提高办公效率。

4.1　数 据 排 序

4.1.1　数据排序的规则

排序是指根据某一列数据的顺序重新对行的位置进行调整。Excel 为用户提供了对字符、数字等数据分别按照主要关键字、次要关键字等 64 个关键字进行排序的功能，每个关键字均可按升序或降序排序。不同类型的关键字的排序规则如下。

（1）数值：按数值的大小。

（2）字母：按字母的先后顺序。

（3）日期：按日期的先后。

（4）汉字：按汉语拼音的顺序或笔画顺序。

（5）逻辑值：升序时 FALSE 排在 TRUE 前面，降序时相反。

（6）空格：总是排在最后。

4.1.2 数据排序的步骤

【例4-1】如图4-1所示的是某企业某季度的产品销售收入情况，按产品名称进行排序的具体操作步骤如下。

	A	B	C	D	E	F
1			产品销售收入情况表			
2	产品名称	客户	季度	价格	数量	金额
3	A	甲	1	5400	2	10800
4	B	乙	2	3600	1	3600
5	B	丙	4	3600	3	10800
6	D	丁	2	7500	4	30000
7	A	乙	3	5400	8	43200
8	C	甲	3	5900	13	76700
9	D	丁	2	7500	4	30000
10	A	丙	1	5400	3	16200
11	C	甲	4	5900	1	5900
12	D	丙	2	7500	12	90000
13	A	丁	4	5400	3	16200
14	B	乙	3	3600	6	21600
15	D	甲	2	7500	8	60000

图4-1 产品销售收入情况

（1）点击数据区域中的任意一个单元格。

（2）点击【数据】选项卡下【排序和筛选】组中的【排序】按钮，系统将弹出【排序】对话框，如图4-2所示。

图4-2 【排序】对话框

（3）在【排序】对话框中用下拉列表框选择要排序的关键字，点击【添加条件】按钮，可添加"次要关键字"，这里选用"产品名称"为主要关键字，并按升序排列。

（4）点击【确定】按钮，即对数据区域按要求进行了排序，结果如图 4-3 所示。

	A	B	C	D	E	F
1	产品销售收入情况表					
2	产品名称	客户	季度	价格	数量	金额
3	A	甲	1	5400	2	10800
4	A	乙	3	5400	8	43200
5	A	丙	1	5400	3	16200
6	A	丁	4	5400	3	16200
7	B	乙	2	3600	1	3600
8	B	丙	4	3600	3	10800
9	B	乙	3	3600	6	21600
10	C	甲	1	5900	13	76700
11	C	甲	4	5900	1	5900
12	D	丁	2	7500	4	30000
13	D	丁	2	7500	4	30000
14	D	丙	2	7500	12	90000
15	D	甲	2	7500	8	60000

图 4-3　按产品名称升序排序后的结果

当只选择对数据清单按一个关键字进行排序时。可以直接点击【数据】选项卡下【排序和筛选】组合中的升序按钮或降序按钮进行自动排序。

4.2　数 据 筛 选

数据筛选是指把数据库或数据清单中所有不满足条件的数据记录隐藏起来，只显示满足条件的数据记录。常用的数据筛选方法有自动筛选、自定义筛选和高级筛选。

4.2.1 自动筛选

利用自动筛选功能可以通过简单的操作快速检索数据清单或数据库，筛选出所需要的数据。

以图 4 - 1 所示的数据清单为例，利用自动筛选功能查找数据的具体操作步骤如下。

（1）点击数据清单或数据库中的任一非空单元格。

（2）点击【数据】选项卡下【排序和筛选】组中的【筛选】按钮，则系统自动在数据清单的每列数据的标题旁边添加一个下三角按钮，点击某个标题右边的下三角按钮可打开相应的下拉菜单，如图 4 - 4 所示。

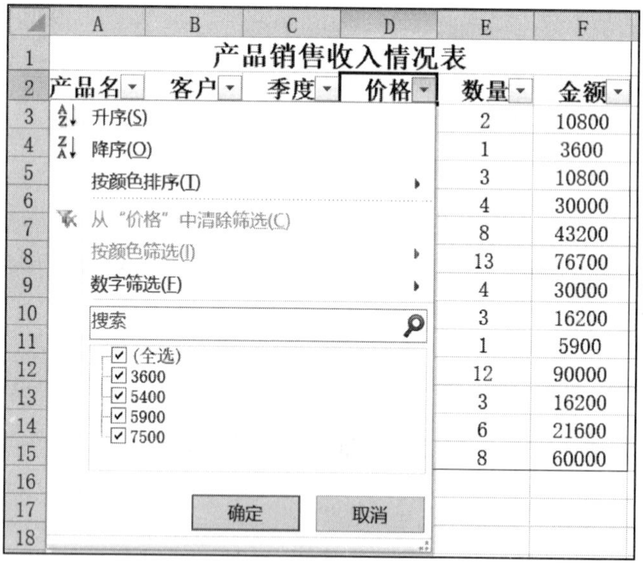

图 4 - 4　筛选下拉列表

（3）系统显示可用的筛选条件，从中选择需要的条件，即可显示出满足条件的所有数据。

若要恢复所有的记录，则点击已经筛选列标题右边的下拉列表中的"全选"项。若要取消【筛选】状态，则再次点击【数据】选项卡下【排序和筛选】组中的【筛选】按钮即可。

4.2.2　自定义筛选

如需要筛选出符合一定范围内的数据，需要使用自定义筛选功能。如在图 4-4 所示的下拉列表中选择【数字筛选】项并在弹出的对话框中选择【自定义筛选】项，系统会弹出【自定义自动筛选方式】对话框，如图 4-5 所示。例如，要筛选价格在 3000~6000 元的记录，则点击左上角的下拉按钮，选择"大于或等于"，右上角的条件值输入"3000"单击左下角的下拉按钮，选择"小于或等于"，右下角的条件值输入"6000"，并选择"与"条件。

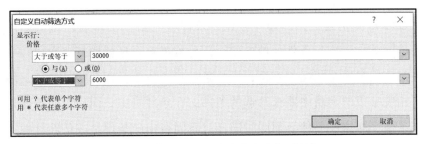

图 4-5　【自定义自动筛选方式】对话框

点击【确定】按钮，满足这些条件的所有记录即可显示，如图 4-6 所示。

	A	B	C	D	E	F
1	产品销售收入情况表					
2	产品名	客户	季度	价格	数量	金额
3	A	甲	1	5400	2	10800
4	B	乙	2	3600	1	3600
5	B	丙	4	3600	3	10800
7	A	乙	3	5400	8	43200
8	C	甲	3	5900	13	76700
10	A	丙	1	5400	3	16200
11	C	甲	4	5900	1	5900
13	A	丁	4	5400	3	16200
14	B	乙	3	3600	6	21600

图 4-6　价格区间的筛选结果

4.2.3　高级筛选

高级筛选用来定义更复杂的筛选，它可以使用较多的条件对数据清单进行筛选。它不仅可以在原来的工作表内显示筛选结果，还可以把筛选结果显示在其他工作表的某个位置，在操作时可以任意选定数据区域，也可以在操作时使用条件区域。

利用高级筛选功能对数据清单进行筛选的步骤如下。

（1）应先建立一个条件区域。条件区域指在工作表内填有筛选条件的某一区域。条件区域由两个部分构成：一是标题行，它填写一些与字段名完全相同的字符；二是条件行，位于标题行的下一行，填写相应字段的记录中要求筛选的条件。在条件行中，同一行的条件是与条件，即这些条件必须同时满足；不同行中的条件是或条件，即这些条件只要满足其一即可。

【例4-2】要求在图4-1所示的工作表中筛选出客户是甲且金额在10000元以上的所有记录。设置的条件区域是 $B$18：$C$19，如图4-7所示。

15	D	甲	2	7500	8	60000
16						
17						
18		客户	金额			
19		甲	>10000			
20						

图 4 – 7　建立条件区域

（2）点击数据清单中的任一非空单元格，然后切换至【数据】选项卡，点击【排序和筛选】按钮中的【高级】按钮，则系统会弹出【高级筛选】对话框。一般情况下，系统会自动给出列表区域，用户只需在【条件区域】栏中输入条件区域即可。本例中的条件区域为 B18：C19，用鼠标拾取条件单元格区域，此时在【条件区域】栏中显示"Sheet1 $B$18：$C$19"，如图 4 – 8 所示。

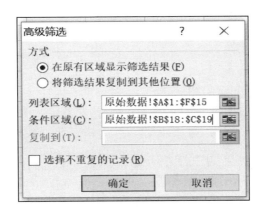

图 4 – 8　【高级筛选】对话框

（3）点击【确定】按钮，即可得到高级筛选结果。高级筛选结果可以显示在数据清单的原有区域，也可以显示在工作表的其他空白单元格区域，系统默认方式是在数据清单的原有区域显示结果。若需要在工作表的其他单元格区域显示结果，应在【高级筛选】对话框的"方式"选项中选择"将筛选结果复制到其他位置",并在"复制到"栏中输入要显示筛选结果的单元格(开始的一个单元格即可)。图4-9为在原有区域显示高级筛选结果。

图4-9 在原有区域显示的高级筛选结果

进行高级筛选后,如果需要显示原始的全部数据,可以在【数据】选项卡中,点击【排序和筛选】组中的【清除】按钮。

实验5　数据分类与汇总

【学习目标】

通过学习本实验，你可以掌握 Excel 中的分类与汇总功能，利用数据透视表实现对数据的筛选、组合和排序，并熟练运用所学知识，解决学习和生活中的实际问题。

5.1　分类与汇总

分类汇总功能可以将数据快速汇总，并且可以通过级别菜单查看整体与详细的数据。图 5 – 1 为某单位销售明细表，如果我们现在想了解该公司销往各个地区的销售金额，就可以使用分类汇总功能，具体操作步骤如下。

	A	B	C	D	E	F	G	H
1	日期	订单号	销售员编号	地区	产品	数量	单价	金额
2	2023/1/1	1001	1	上海	电脑	6	822	4932
3	2023/1/2	1002	5	北京	打印机	6	735	4410
4	2023/1/3	1003	3	上海	复印机	10	679	6790
5	2023/1/4	1004	3	广东	扫描仪	6	717	4302
6	2023/1/5	1005	5	深圳	扫描仪	8	702	5616
7	2023/1/6	1006	2	广东	复印机	7	759	5313
8	2023/1/7	1007	1	北京	电脑	9	607	5463
9	2023/1/8	1008	3	浙江	扫描仪	9	846	7614
10	2023/1/9	1009	5	广东	扫描仪	9	855	7695
11	2023/1/10	1010	2	深圳	复印机	5	795	3975
12	2023/1/11	1011	3	北京	电脑	9	709	6381
13	2023/1/12	1012	1	浙江	扫描仪	8	856	6848
14	2023/1/13	1013	1	广东	电脑	10	673	6730
15	2023/1/14	1014	4	上海	扫描仪	8	847	6776
16	2023/1/15	1015	3	深圳	打印机	9	649	5841
17	2023/1/16	1016	5	浙江	电脑	10	869	8690
18	2023/1/17	1017	4	北京	打印机	10	625	6250
19	2023/1/18	1018	4	深圳	电脑	5	813	4065
20	2023/1/19	1019	5	深圳	打印机	6	874	5244
21	2023/1/20	1020	4	广东	电脑	7	848	5936
22	2023/1/21	1021	1	北京	扫描仪	10	628	6280
23	2023/1/22	1022	1	深圳	电脑	5	713	3565
24	2023/1/23	1023	2	北京	打印机	5	792	3960

图 5 – 1　销售明细

（1）对需要汇总的字段进行排序。当前我们要分类汇总的字段为"地区"，所以对"地区"列进行排序。

（2）选中任意单元格，点击【数据】选项卡中的【分类汇总】按钮（见图5－2）。

图5－2　分类汇总对话框

（3）在弹出的【分类汇总】对话框中，将【分类字段】选择为【地区】，汇总方式选择【求和】，【选定汇总项】勾选【金额】，点击【确定】，即可完成对不同地区销售金额的分类汇总（见图5－3）。

		A	B	C	D	E	F	G	H
1		日期	订单号	销售员编号	地区	产品	数量	单价	金额
2					总计				827838
3					北京 汇总				189550
4		2023/1/2	1002	5	北京	打印机	6	735	4410
5		2023/1/7	1007	1	北京	电脑	9	607	5463
6		2023/1/11	1011	3	北京	电脑	9	709	6381
7		2023/1/17	1017	4	北京	打印机	10	625	6250
8		2023/1/21	1021	1	北京	扫描仪	10	628	6280
9		2023/1/23	1023	2	北京	打印机	5	792	3960
10		2023/1/26	1026	1	北京	复印机	6	847	5082
11		2023/1/30	1030	1	北京	电脑	5	770	3850
12		2023/1/31	1031	2	北京	电脑	10	628	6280
13		2023/2/6	1037	5	北京	电脑	6	763	4578
14		2023/2/12	1043	1	北京	电脑	5	792	3960
15		2023/2/15	1046	4	北京	电脑	6	847	5082
16		2023/2/16	1047	3	北京	复印机	7	763	5341

图5－3　地区分类汇总

（4）左侧的级别菜单可以选择级别。"1"级是所有地区的总计；"2"级是不同地区的总计；"3"级是全部数据。我们还可以通过点击"+"号来展开每个分类，查看其子分类的数据（见图5-4）。

	A	B	C	D	E	F	G	H
1	日期	订单号	销售员编号	地区	产品	数量	单价	金额
2				总计				827838
3				北京 汇总				189550
4	2023/1/2	1002	5	北京	打印机	6	735	4410
5	2023/1/7	1007	1	北京	电脑	9	607	5463
6	2023/1/11	1011	3	北京	电脑	9	709	6381
7	2023/1/17	1017	4	北京	打印机	10	625	6250
8	2023/1/21	1021	1	北京	扫描仪	10	628	6280
9	2023/1/23	1023	2	北京	打印机	5	792	3960
10	2023/1/26	1026	1	北京	复印机	6	847	5082
11	2023/1/30	1030	1	北京	电脑	5	770	3850
12	2023/1/31	1031	2	北京	电脑	10	628	6280
13	2023/2/6	1037	5	北京	电脑	6	763	4578
14	2023/2/12	1043	1	北京	电脑	5	792	3960
15	2023/2/15	1046	4	北京	电脑	6	847	5082
16	2023/2/16	1047	3	北京	复印机	7	763	5341
17	2023/2/18	1049	4	北京	扫描仪	9	669	6021
18	2023/2/22	1053	1	北京	扫描仪	6	792	4752
19	2023/2/28	1059	1	北京	打印机	10	669	6690

图5-4　"3"级分类汇总

5.2　数据透视表

在数据透视表中，仅需要使用鼠标移动字段位置，便可以生成各种报表，实现对数据的筛选、组合和排序。其特点是上手快、效率高且灵活多变。

5.2.1　数据透视表的建立和编辑

数据透视表的制作简单，不需要使用复杂的函数。

图5-4展示了某销售公司各个订单的明细数据，包括了销售员编号、销售地区、产品名称、数量、单价和金额。如果我们现在想了

解该公司 1 月销往各个地区的订单金额，可以先按地区名称排序，筛选出某一地区后选中金额列，记录该地区销售金额汇总数据，然后筛选出另一地区，重复操作，当地区数量多时，工作效率必然很低。如果还要求按销售员编号、产品名称分别呈现汇总数据就更加复杂。

而利用 Excel 中的数据透视表功能便可以很快地完成以上操作。先要使用 Excel 建立一个数据透视表。

5.2.1.1　创建一个数据透视表

（1）选中表格中的任意单元格，点击【插入】选项卡中的【数据透视表】按钮，选择【数据透视表】。

（2）弹出【创建数据透视表】对话框，选择新建数据透视表的位置，可以选择新工作表或现有工作表，这里选择"新工作表"，点击【确定】按钮。

（3）在新建数据透视表的【数据透视表字段列表】对话框中，将【地区】字段拖入【行标签】区域，将【金额】字段拖入【数值】区域，同时相应的字段自动出现在数据透视表中，即可得出不同地区销售金额之和（见图 5-5）。

图 5-5　数据透视表

5.2.1.2　不同统计视角的数据透视表呈现

当面对复杂的数据源，需要从多角度进行分析时，就需要对同一个数据源再创建一个或多个数据透视表，用于其他的数据分析。可以选择对已经创建的数据透视表进行复制，免去了重新创建数据透视表的操作，降低工作量。如要将数据透视表进行复制，请参照以下步骤。

（1）选中数据透视表所在的 A3：C9 单元格，点击鼠标右键，在弹出的快捷菜单中选择【复制】，如图 5 - 6 所示。

（2）在已创建的数据透视表以外的任意单元格上（如 E3）点击鼠标右键，在快捷菜单中选择【粘贴】命令即可快速复制一张数据透视表，如图 5 - 6 所示。

（3）点击复制出来的数据透视表中的任意一个单元格，点击【选项】选项卡中的【字段列表】按钮，打开【数据透视表字段】窗格。在其【数据透视表字段】窗格中，选中行区域中的【地区】字段，按住鼠标左键将该字段拖动至字段列表区域后松开鼠标左键，即可将【地区】字段从行区域中删除。

（4）选中字段列表区域中的【产品】字段，按住鼠标左键将该字段拖动至行区域，即可得出一个新的数据透视表。

（5）重复以上操作，可制作不同分析角度的数据透视表。

图 5 - 6　不同分析角度的数据透视表

5.2.2　数据透视表的值显示方式

数据透视表中的"值显示方式"功能可以选择很多计算方式，

选择需要的值显示方式,需点击字段的任意一单元格(如 F11),点击选项卡中的【值显示方式】按钮,即可选择需要的值显示方式(见图 5 - 7)。

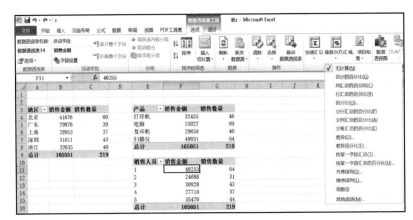

图 5 - 7 选择"值显示方式"

数据透视表自定义计算功能描述如表 5 - 1 所示。

表 5 - 1　　　　　　　　　数据透视表自定义计算功能描述

选项	功能描述
无计算	值区域字段显示为数据透视表中的原始数据
总计的百分比	值区域字段分别显示为每个数据项占该列和行所有项总和的百分比
列汇总的百分比	值区域字段显示为每个数据项占该列所有项总和的百分比
行汇总的百分比	值区域字段显示为每个数据项占该行所有项总和的百分比
百分比	值区域显示为基本字段和基本项的百分比
父行汇总的百分比	值区域字段显示为每个数据项占该列父级项总和的百分比
父列汇总的百分比	值区域字段显示为每个数据项占该行父级项总和的百分比
父级汇总的百分比	值区域字段分别显示为每个数据项占该列和行父级项总和的百分比
差异	值区域字段与指定的基本字段和基本项的差值差异百分比
差异百分比	值区域字段显示为与基本字段项的差异百分比按某一字段汇总

续表

选项	功能描述
按某一字段汇总	值区域字段显示为基本字段项的汇总
按某一字段汇总的百分比	值区域字段显示为基本字段项的汇总百分比
升序排列	值区域字段显示为按升序排列的序号
降序排列	值区域字段显示为按降序排列的序号
指数	使用公式：((单元格的值)*(总体汇总之和))/(((行汇总)*(列汇总))

5.2.2.1 体现数据项份额占比的值显示方式

利用数据透视表中“值显示方式”功能的“列汇总的百分比”值显示方式，可以得出各个数据项所占比重的表格。

点击字段的任意一单元格，点击选项卡中的【值显示方式】按钮，选择【列汇总的百分比】，多次重复该操作，即可得出不同地区、产品和销售人员的销售金额和销售数量分别所占的比重，如图 5－8 所示。

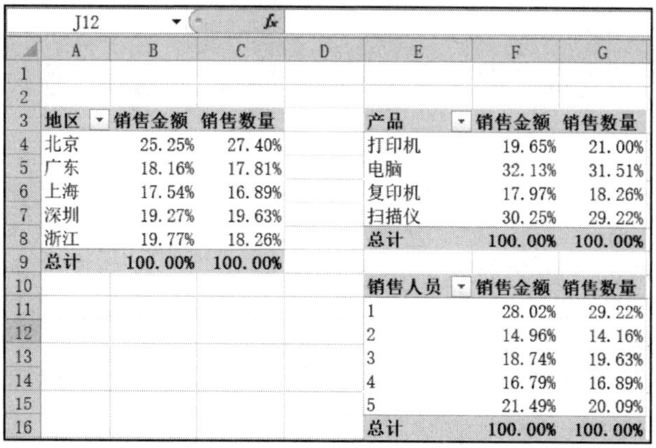

地区	销售金额	销售数量
北京	25.25%	27.40%
广东	18.16%	17.81%
上海	17.54%	16.89%
深圳	19.27%	19.63%
浙江	19.77%	18.26%
总计	100.00%	100.00%

产品	销售金额	销售数量
打印机	19.65%	21.00%
电脑	32.13%	31.51%
复印机	17.97%	18.26%
扫描仪	30.25%	29.22%
总计	100.00%	100.00%

销售人员	销售金额	销售数量
1	28.02%	29.22%
2	14.96%	14.16%
3	18.74%	19.63%
4	16.79%	16.89%
5	21.49%	20.09%
总计	100.00%	100.00%

图 5－8 “列汇总的百分比”值显示方式

5.2.2.2 体现构成率报表的值显示方式

若想了解每位销售人员在不同地区销售商品的构成，则需要用到"父级汇总的百分比"值显示方式，通过某一基本字段的基本项和该字段的父级汇总项的对比，得到构成率报表。具体操作如下。

（1）先建造一个反映销售情况的数据透视表（见图 5 - 9）。在【数据透视表字段列表】对话框中，将【地区】和【产品】字段拖动至【行标签】区域，将【销售员编号】拖动至【列标签】区域，再将【金额】拖动至【数值】区域。

	A	B	C	D	E	F	G
3	求和项:金额	列标签 ▼					
4	行标签 ▼	1	2	3	4	5	总计
5	⊟北京	47029	25570	27830	23057	22004	145490
6	打印机	6690	3960	7128	6250	4410	28438
7	电脑	13273	6280	6381	5082	4578	35594
8	复印机	10434	7700	9341	5704	4716	37895
9	扫描仪	16632	7630	4980	6021	8300	43563
10	⊟广东	30714	19796	22252	23111	23337	119210
11	打印机	9197	3500	6160	7130	4326	30313
12	电脑	10120	6300	6288	5936	4980	33624
13	复印机	4980	5313	5502	4235	6336	26366
14	扫描仪	6417	4683	4302	5810	7695	28907
15	⊟上海	24666	31404	27328	27303	25722	136423
16	打印机	6160	4170	8300	5024	7579	31233
17	电脑	4932	11664	3768	3768	7200	31332
18	复印机	8184	4683	6790	7920	3815	31392
19	扫描仪	5390	10887	8470	10591	7128	42466
20	⊟深圳	26475	17094	49684	19149	34388	146790
21	打印机	6930	3505	13464	5544	13244	42687
22	电脑	7070	5600	17488	4065	3850	38073
23	复印机	6867	3975	6102	6400	11678	35022
24	扫描仪	5608	4014	12630	3140	5616	31008
25	⊟浙江	28981	32946	22037	20717	23092	127773
26	打印机	4150	4620	6640	5024	5082	25516

图 5 - 9　反映销售情况的数据透视表

（2）点击【数值】区域的任意一单元格，点击选项卡中的【值显示方式】按钮，选择"父级汇总的百分比"值显示方式（见图 5 - 11），在弹出的【值显示方式】对话框中选择【地区】作为基本字段，如图 5 - 10 所示（本例中【产品】和【销售员编号】是当前汇总计算的最末级字段），点击【确定】按钮，即可了解每位销售人员在不同地区销售商品的构成。

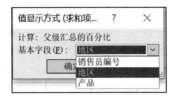

图 5 - 10 设置基本字段

求和项:金额	列标签					
行标签	1	2	3	4	5	总计
⊟北京	100.00%	100.00%	100.00%	100.00%	100.00%	100.00%
打印机	14.23%	15.49%	25.61%	27.11%	20.04%	19.55%
电脑	28.22%	24.56%	22.93%	22.04%	20.81%	24.46%
复印机	22.19%	30.11%	33.56%	24.74%	21.43%	26.05%
扫描仪	35.37%	29.84%	17.89%	26.11%	37.72%	29.94%
⊟广东	100.00%	100.00%	100.00%	100.00%	100.00%	100.00%
打印机	29.94%	17.68%	27.68%	30.85%	18.54%	25.43%
电脑	32.95%	31.82%	28.26%	25.68%	21.34%	28.21%
复印机	16.21%	26.84%	24.73%	18.32%	27.15%	22.12%
扫描仪	20.89%	23.66%	19.33%	25.14%	32.97%	24.25%
⊟上海	100.00%	100.00%	100.00%	100.00%	100.00%	100.00%
打印机	24.97%	13.28%	30.37%	18.40%	29.47%	22.89%
电脑	20.00%	37.14%	13.79%	13.80%	27.99%	22.97%
复印机	33.18%	14.91%	24.85%	29.01%	14.83%	23.01%
扫描仪	21.85%	34.67%	30.99%	38.79%	27.71%	31.13%
⊟深圳	100.00%	100.00%	100.00%	100.00%	100.00%	100.00%
打印机	26.18%	20.50%	27.10%	28.95%	38.51%	29.08%
电脑	26.70%	32.76%	35.20%	21.23%	11.20%	25.95%
复印机	25.94%	23.25%	12.28%	33.42%	33.96%	23.86%
扫描仪	21.18%	23.48%	25.42%	16.40%	16.33%	21.12%

图 5 - 11 "父级汇总的百分比"值显示方式

5.2.3 利用切片器分析数据

数据透视表中的切片器功能是以一种图形化的方式为数据透视表中的指定字段创建一个选取器，使用时通过对切片器中数据项的选择，省去了字段下拉列表筛选的操作，能够更加灵活和方便地进行数据的分析和处理，实现多个数据透视表联动。

图 5－12 是根据同一数据源所创建的不同分析角度的数据透视表。

地区	销售数量	销售金额
北京	60	41676
广东	39	29976
上海	37	28953
深圳	43	31811
浙江	40	32635
总计	219	165051

产品	销售数量	销售金额
打印机	46	32435
电脑	69	53027
复印机	40	29658
扫描仪	64	49931
总计	219	165051

销售人员编号	销售数量	销售金额
1	64	46255
2	31	24688
3	43	30928
4	37	27710
5	44	35470
总计	219	165051

图 5－12　切片器

当我们想了解不同地区某一产品的销售数量和销售金额时，需要将【产品】字段拖动到【报表筛选】区域，再通过筛选器选择【电脑】，得到电脑在不同地区的销售数量和销售金额，如图 5－13 所示。而如果想再同时了解不同销售人员销售某种产品的情况，则还需要再次通过筛选器进行选择，步骤较为烦琐。而通过使用切片器功能，在切片器内设置报表连接，使切片器实现共享，让多个数据透视表进行联动。当选择切片器中的某一字段时，所有相连接的数据透视表同时刷新，使数据的筛选更加轻松便捷。创建切片器的具体操作步骤如下。

（1）点击数据透视表的任意一单元格，在【选项】选项卡中点击【插入切片器】按钮，选择【插入切片器】。

（2）在弹出的【插入切片器】对话框中勾选需要的分析角度，如销售员编号、地区、产品，则需要在对话框中勾选【销售员编号】【地区】【产品】复选框，最后点击确定，插入这三个字段的切片器。

（3）右键点击【销售员编号】切片器，在弹出的快捷菜单中选择【数据透视表连接】命令，勾选【数据透视表 4】（地区）、【数据透视表 5】（产品）和【数据透视表 6】（销售员编号），如图 5－14 所示。

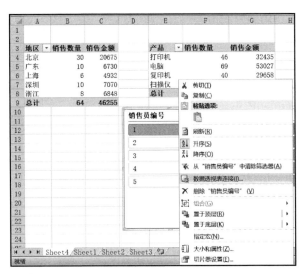

图 5 – 13　数据透视表连接（1）

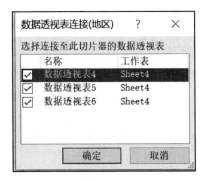

图 5 – 14　数据透视表连接（2）

　　（4）重复上一步操作，将剩余两个切片器分别与数据透视表连接，即可得到三个切片器。当使用者想要了解"1"号销售人员在不同地区和不同产品的销售情况时，点击【销售员编号】切片器中的【1】按钮即可了解相关数据（见图 5 – 15）。同样，点击【地区】或【产品】切片器中的按钮即可了解某地区或产品的相关数据。点击切片器右上角的【清除筛选器】按钮即可清除切片器的筛选（见图 5 – 16）。

图 5-15　完成切片器链接

图 5-16　清除切片器的筛选

模块二　Excel 在货币时间价值中的应用

实验 6　单利和复利

【学习目标】

在本实验中，你将学习以下内容：（1）理解货币时间价值的概念以及单利、复利、终值、现值的概念；（2）理解并掌握现值和终值的计算公式；（3）熟练掌握 Excel 中的 PV 函数与 FV 函数；（4）熟练利用 Excel 计算单利和复利的终值与现值，熟练运用所学知识解决学习生活中的实际问题。

【背景】

利息的计算分为两种：一种是单利计息；另一种是复利计息。单利计息是指只有本金计算利息，利息不会再计算利息；复利计息就是人们常说的"利滚利"。通过本实验的学习，我们可以在现实生活中清楚地计算将钱存入银行几年后的本利和。

6.1　理 论 基 础

6.1.1　基本概念

（1）单利（simple interest）是指只有本金计取利息，而以前各期利息在下一个利息周期内不计算利息的计息方法。

（2）复利（compound interest）指不仅对本金计算利息，而且对以前各期所产生的利息也计算利息的计息方法。

（3）终值（future value）是指将现在的一定量现金折合到未来某一时点的价值，俗称"本利和"。

（4）现值（present value）是指将未来某一时点的现金按照某种利率折合为现在的价值。

6.1.2　基本原理

货币时间价值：即使在没有风险和没有通货膨胀的条件下，今天1元钱的价值也大于1年以后1元钱的价值。股东投资1元钱，就失去了当时使用或消费这1元钱的机会或权利，按时间计算的这种付出的代价或投资收益，就叫作时间价值。简单来说，货币的时间价值就是指当前所持有的一定量货币比未来获得的等量货币具有更高的价值。

6.1.3　基本公式

（1）单利的终值：$F = P + P \times i \times n = P \times (1 + i \times n)$

（2）单利的现值：$P = F \div (1 + i \times n)$

（3）复利的终值：$F = P \times (1 + i)^n$

（4）复利的现值：$P = F \times (1 + i)^{-n}$

6.2　实验技能

6.2.1　PV 函数

PV 函数的功能是计算现值。结构为：

$$= PV(rate, nper, pmt, fv, type)$$

其中，rate：利率；nper：期数；pmt：年金额；fv：终值；type：数字 0 或 1，用以指定付款期是在期初还是期末。0 或忽略表示期末，1 表示期初。

6.2.2　FV 函数

FV 函数是计算终值的函数，既可以计算复利的终值，也可以计算年金的终值。结构为：

$$= FV(\text{rate}, \text{nper}, \text{pmt}, \text{pv}, \text{type})$$

其中，rate：利率；nper：期数；pmt：年金额，用于年金的计算，如果忽略，则必须包含 PV 参数；pv：现值，用于复利的计算，如果忽略，则必须包含 PMT 参数；type：数字 0 或 1，用以指定付款期是在期初还是期末。0 或忽略表示期末，type 为 1 表示期初。

注意：pmt 参数用于年金的计算，fv 参数用于复利的计算。此外，有关财务的函数已经被植入一种思想，即现金的流动是一个循环，有流入就必有流出，相应地有流出也必有流入，而流入和流出的符号一定是相反的。所以如果希望结果是正数，输入有关现金流量的参数（pv 或 pmt）时，必须是负数。

6.3　小 试 牛 刀

（1）某人现在购买某基金 10 万元，预计年化收益率为 5%，要求：计算 10 年之后的本利和。

公式：$F = 10 * (1 + 5\%)^{10} = 16.29$（万元）

函数：$F = FV(5\%, 10, -10) = 16.29$（万元）

FV 函数展示如图 6 - 1 所示。

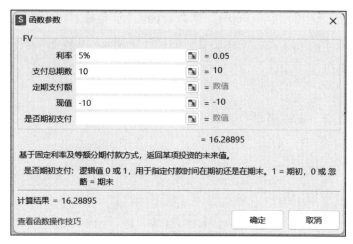

图 6 - 1　FV 函数展示

（2）旺财估计 10 年后买房需要首付 30 万元，假设银行存款年利率为 2.75%，问现在应该一次性存多少钱？

公式：P = 30 * (1 + 2.75%)^(-10) = 22.87（万元）

函数：P = PV(2.75%, 10, -30) = 22.87（万元）

PV 函数展示如图 6 - 2 所示。

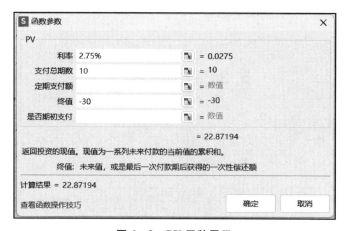

图 6 - 2　PV 函数展示

6.4　实　战　演　练

6.4.1　案例简介

小红自 2022 年初在银行存款 4000 元，利率为 6%，计划连续存款 40 年。请首先分别按单利和复利计息的方式，计算各年应计利息和年末存款余额；其次进行敏感性分析，即计算不同利率下的利息总额；最后通过做折线图和柱形图对比单利和复利在不同利率下的利息总额，观察有什么不同。

需要先构建一个电子表格，为了便于绘制图表和进行敏感性分析，请按如图 6 – 3 格式构建电子表格。单利和复利的表格内容一致，但各占一个工作表。

	A	B	C	D
1	年存款额	¥4000.00		
2	利率，r	6.00%		
3	年份	年初余额	应计利息	年末余额
4	2022			
5	2023			
6	2024			
7	2025			
8	2026			
9	2027			
40	2058			
41	2059			
42	2060			
43	2061			
44	合计			
45				
46	敏感性分析			
47	利率	利息合计		
48	4%			
49	5%			
50	6%			
51	7%			
52	8%			
53	9%			
54	10%			

图 6 – 3　电子表格式样

注：为方便展示，第 10 ~ 第 39 行的数据被折叠。

6.4.2 操作步骤

6.4.2.1 在单利计息方式下，计算每年应计利息和年末存款额的终值

（1）在 Excel 中的第 4 行输入第一行计算式。

①在单元格 B4 中使用相对引用，将初始存款额从 B1 单元格内引入。

a. 在单元格 B4 中输入 = B1。

b. 按 F4 功能键（将单元格引用从"相对引用"转换为"绝对引用"）。

c. 按回车键。

②计算利息金额。注意：在公式中使用对单元格 B1、单元格 B2 的绝对引用。

a. 在单元格 C4 输入公式 = $B$4 * $B$2。

b. 按回车键。

③计算期末余额。假设期末利息仍留在账户中，但不再计息。

a. 在单元格 D4 中输入 = B4 + C4。

h. 按回车键。

（2）在 Excel 中的第 5 行输入第二行计算式。

①在单元格 B5 输入对单元格 D4 的相对引用（年初余额是上一年的年末余额）。

②复制 C4 单元格、D4 单元格的内容，并粘贴到单元格 C5 到单元格 D5。

（3）输入后续行计算式。

①复制单元格 B5 到单元格 D5 的内容。

②选择要粘贴的单元格（从单元格 B6 至 D 列中的最后一个单元

格）粘贴。

（4）计算整个时间段的已赚取利息（C 栏）。

在单元格 C44 输入 = sum（C4：C43）。单利结果样式如图 6 - 4 所示。

	A	B	C	D
1	年存款额	¥4000.00		
2	利率，r	6.00%		
3	年份	年初余额	应计利息	年末余额
4	2022	¥4000.00	¥240.00	¥4240.00
5	2023	¥4240.00	¥240.00	¥4480.00
6	2024	¥4480.00	¥240.00	¥4720.00
7	2025	¥4720.00	¥240.00	¥4960.00
8	2026	¥4960.00	¥240.00	¥5200.00
9	2027	¥5200.00	¥240.00	¥5440.00
40	2058	¥12640.00	¥240.00	¥12880.00
41	2059	¥12880.00	¥240.00	¥13120.00
42	2060	¥13120.00	¥240.00	¥13360.00
43	2061	¥13360.00	¥240.00	¥13600.00
44	合计		¥9600.00	

图 6 - 4　单利结果样式

注：为方便展示，第 10 ~ 第 39 行的数据被折叠。

6.4.2.2 对利息总额进行敏感性分析

在此实验中，我们回答这样一个问题："如果利率发生改变，那么在各种情况下，获得的利息金额会发生什么变化？"

（1）逐个将不同的利率输入单元格 B2 的假设中。Excel 重新计算 C 列的总和。在敏感性表中的相应单元格中输入 c 列新总和的金额。

（2）为了方便查看正在工作的工作表的顶部和底部，请尝试拆分屏幕。将屏幕的上半部分保持在工作表的顶部。一定要包括假设。在底部窗口中，向下滚动到要进行敏感性分析的位置。

（3）改变利率，观察利息总额，并将该数字输入敏感度表（见图 6 - 5）。

46	敏感性分析	
47	利率	利息合计
48	4%	¥6400.00
49	5%	¥8000.00
50	6%	¥9600.00
51	7%	¥11200.00
52	8%	¥12800.00
53	9%	¥14400.00
54	10%	¥16000.00

图 6 – 5　单利敏感性分析示例

6.4.2.3　在复利计息方式下，计算每年应计利息和年末存款额的终值

（1）在 Excel 中的第 4 行输入第一行计算式。

①在单元格 B4 中使用相对引用，将初始存款额从 B1 单元格内引入。

a. 在单元格 B4 中输入 = B1。

b. 按 F4 功能键（将单元格引用从"相对引用"转换为"绝对引用"）。

c. 按回车键。

②计算利息金额。注意：在公式中使用对单元格 B1、B2 的绝对引用。

a. 在单元格 C4 输入公式 = \$B\$4 * \$B\$2。

b. 按回车键。

③计算期末余额。假设期末利息仍留在账户中，但不再计息。

a. 在单元格 D4 中输入 = B4 + C4。

b. 按回车键。

（2）在 Excel 中的第 5 行输入第二行计算式。

①在单元格 B5，输入对单元格 D4 的相对引用（年初余额是上一年的年末余额）。

②在单元格 C5，输入 = $B$2 * $B5，复制 D4 单元格的内容，并粘贴到单元格 D5。

（3）输入后续行计算式。

①复制单元格 B5 到 D5 的内容。

②选择要粘贴的单元格（从单元格 B6 至 D 列中的最后一个单元格）粘贴。

（4）计算整个时间段的已赚取利息（C 栏）。

在单元格 C44 输入 = sum（C4：C43）。复利表格样式如图 6 - 6 所示。

	A	B	C	D
1	年存款额	¥4000.00		
2	利率，r	6.00%		
3	年份	年初余额	应计利息	年末余额
4	2022	¥4000.00	¥240.00	¥4240.00
5	2023	¥4240.00	¥254.40	¥4494.40
6	2024	¥4494.40	¥269.66	¥4764.06
7	2025	¥4764.06	¥285.84	¥5049.91
8	2026	¥5049.91	¥302.99	¥5352.90
9	2027	¥5352.90	¥321.17	¥5674.08
40	2058	¥32589.01	¥1955.34	¥34544.35
41	2059	¥34544.35	¥2072.66	¥36617.01
42	2060	¥36617.01	¥2197.02	¥38814.03
43	2061	¥38814.03	¥2328.84	¥41142.87
44	合计		¥37142.87	

图 6 - 6 复利表格样式

注：为方便展示，第 10 ~ 第 39 行的数据被折叠。

6.4.2.4 对复利利息总额进行敏感性分析

复利敏感性分析样式如图 6 - 7 所示。

6.4.2.5 制作对比折线图

比较不同年份下单利和复利的年末余额。创建一个横轴上有年份和纵轴上有年末余额的折线图，将图表放在称为"图表 1"的单独工作表中（见图 6 - 8）。

46	敏感性分析	
47	利率	利息合计
48	4%	¥15204.08
49	5%	¥24159.95
50	6%	¥37142.87
51	7%	¥55897.83
52	8%	¥82898.09
53	9%	¥121637.68
54	10%	¥177037.02

图 6 - 7 复利敏感性分析样式

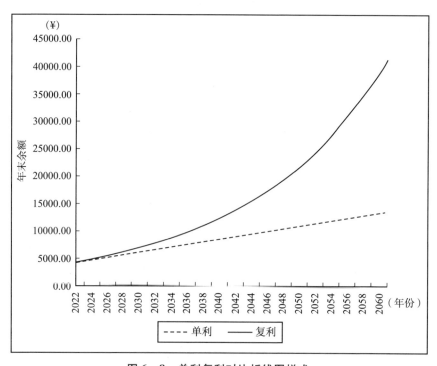

图 6 - 8 单利复利对比折线图样式

6.4.2.6 绘制敏感性分析的柱状图

利用对复合工作表和简单工作表利息金额的利率变化的敏感性分析结果，创建一个横轴上有利率和纵轴上有总利息的柱状图。将图表放在称为"图表 2"的单独工作表中（见图 6 - 9）。

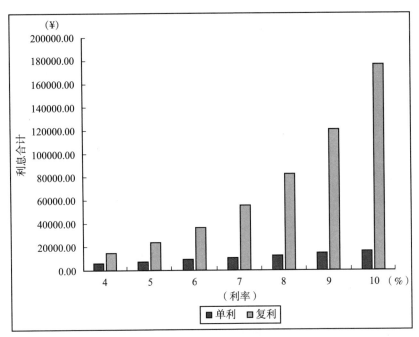

图 6 - 9   敏感性分析柱状图样式

【作业】谁能成为"百万富翁"?

翠花和旺财都是刚毕业的大学毕业生,年龄都是 21 岁。在大学期间,翠花选修了财务管理课程,旺财则没有。翠花想多攒点钱,所以决定过俭朴的生活。她与别人合租了一套小房子,出门以公共交通工具代步,每天自己做饭带饭上班。她找到了年复利率 7% 的投资项目,每年投资 6000 元。但过了 12 年,她有点厌倦了这种节俭的生活方式,决定停止储蓄。当旺财毕业时,他想过舒服一点的生活,所以他租了宽敞的房子,出门就打车,穿着又好又贵的衣服。但是过了 12 年,他决定开始攒钱。他投资了和翠花一样的项目,每年投资 6000 元,年收益率 7%。虽然很难开始,但他还是作出了改变,坚持投资了下去。

问题:当他们到了 65 岁时,哪个人能成为"百万富翁"?

作业的表格样式如图 6 – 10 所示。

年龄	年初余额	年初存款额	新余额	当年应计利息额	年末金额
21					
22					
23					
24					
55					
56					
57					
58					
59					
60					
61					
62					
63					
64					
65					

图 6 – 10　作业电子表格样式

注：为方便展示，第 10 ~ 第 39 行的数据被折叠。

【答案】翠花 65 岁年末的余额为 7139719.91 元。

旺财 65 岁年末的余额为 763552.59 元。

因此，翠花会成为"百万富翁"。

实验 7　年　　金

【学习目标】

通过本实验你将学到以下内容：（1）理解年金的概念；（2）准确区分年金的类型，区分一般年金、预付年金的相同点和不同点；（3）能够进行普通年金终值、现值的公式计算；（4）掌握利用 Excel 计算各种年金的终值与现值技能，娴熟运用 Excel 知识解决学习生活中的年金实际问题。

【背景】

在现实生活中，很多现金的流入和流出都是以年金的形式，包括分期付款、信用购买分期还款、支付租金、发放养老金等。年金是指在一定时期内连续发生的一系列等额金的流入和流入。日常生活离不开年金，因此，学习年金的有关知识具有重要意义。

7.1　理　论　基　础

7.1.1　基本概念

（1）年金（annuity）：指一定时期内连续发生的一系列等额现金的流入和流出。

（2）普通年金（ordinary annuity）：每笔现金收付发生的时间是各期的期末。

（3）预付年金（annuity due）：每笔现金收付发生的时间是各期的期初。

（4）递延年金（deferred annuity）：有一段递延期的普通年金。

（5）永续年金（perpetual annuity）：没有到期日的普通年金。

7.1.2　基本原理

年金有两个特征。一是时期，即每隔一段时间会有一笔资金流入或流出；二是金额，即每个时期都会发生一定金额的收支。根据年金是在每期的期初还是期末缴纳，可将年金划分为普通年金和预付年金。还有一种年金是永续年金。永续年金是指无限期等额收付的特殊年金。

年金与复利一样，都有终值和现值之分。普通年金终值是指一定时期内，每期期末等额收入或支出的本利和，即将每一期的金额按复利换算到最后一期期末的终值，然后加总，就是该年金终值。普通年金现值是指为在每期期末取得相等金额的款项，现在需要投入的金额。预付年金的终值与现值和普通年金的差异是每笔现金收付发生的时间是期初。

7.1.3　基本公式

（1）普通年金的终值：$F = A \times \dfrac{(1+i)^n - 1}{i}$

（2）普通年金的现值：$P = A \times \dfrac{1 - (1+i)^{-n}}{i}$

（3）预付年金的终值：$F = A \times \dfrac{(1+i)^n - 1}{i} \times (1+i)$

（4）预付年金的现值：$P = A \times \dfrac{1 - (1 + i)^{-n}}{i} \times (1 + i)$

（5）递延年金的终值。递延年金终值与普通年金终值的计算方法一致。

（6）递延年金的现值。递延年金的现值可以分步骤计算，也可以使用嵌套函数。

（7）永续年金的终值。永续年金没有到期日，也就没有终值。

（8）永续年金的现值：$P = \dfrac{A}{i}$

7.2　实验技能

要想计算年金的终值和现值，除了查询年金终值系数表和年金现值系数表的方法以外，还可以利用 Excel 程序的终值函数 FV 函数和现值函数 PV 函数。另外还有分期收付函数 PMT、年限函数 NPER、收益率函数 RATE 等。

7.2.1　FV 函数

FV 函数的功能是基于固定利率及等额分期付款形式，返回某项投资的终值。公式为：

$$= FV(\,rate\,,\ nper\,,\ pmt\,,\ pv\,,\ type\,)$$

FV 函数各参数含义详见实验 6。

注意：pmt 参数表示各期收付款额，即年金 A。如果忽略，则必须包含 PV 参数。另 PV 参数表示该项年金的现值。如果忽略，则必须包含 PMT 参数。

7.2.2 PV 函数

PV 函数的功能是基于固定利率及等额分期付款形式，返回未来一系列资金的现值。公式为：

$$= PV(rate, nper, pmt, fv, type)$$

PV 函数各参数含义详见实验 6。

注意：pmt 参数表示各期收付款额，即年金 A。如果忽略，则必须包含 PV 参数。另 PV 参数表示该项年金的现值。如果忽略，则必须包含 PMT 参数。

7.2.3 嵌套函数

嵌套函数，是指将某些函数作为另一函数的参数使用，这一函数就是嵌套函数。

函数的嵌套可以采用手动输入的方法，也可以采用粘贴函数的方法。例如，在单元格 A2 中输入公式 = SUM(B3, B4, AVERAGE(B7:D7))，操作过程如下。

（1）点击单元格 A2，插入 SUM 函数，出现如图 7 - 1 所示的对话框。

（2）在第一个参数栏输入 B3，第二个参数栏输入 B4。

（3）出现第三个编辑栏时，点击公式编辑栏左侧的函数下拉按钮，弹出函数下拉列表框，从中选择 AVERGE 函数，则再次弹出 AVERGE 的对话框，继续操作，就可完成嵌套函数的输入工作。

注意：函数嵌套不能超过七级。

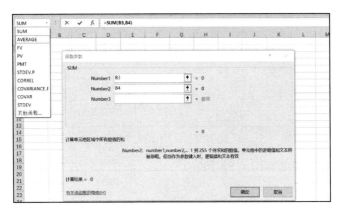

图 7 - 1　嵌套函数

7.3　小试牛刀

（1）旺财每年末向银行存入 1000 元，年利率为 10%，第 5 年末他的银行账户中会有多少钱？

$$F = 1000 \times \frac{(1 + 10\%)^5 - 1}{10\%} = 6105.10 （元）$$

$$F = FV(10\%, 5, -1000) = 6105.10 （元）$$

FV 函数展示如图 7 - 2 所示。

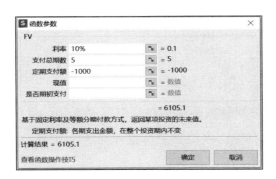

图 7 - 2　FV 函数展示

（2）旺财需要外出留学 5 年，翠花现在为旺财准备留学资金，预计每年留学花销为 10000 元，银行存款利率 10%，翠花现在应该在银行存入多少钱？

$$P = 10000 \times \frac{1 - (1 + 10\%)^{-5}}{10\%} = 37907.87 \text{（元）}$$

$$P = PV(10\%, 5, -10000) = 37907.87 \text{（元）}$$

PV 函数展示如图 7 - 3 所示。

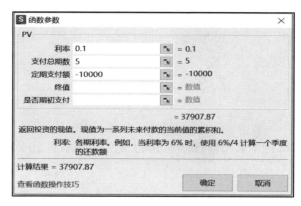

图 7 - 3　PV 函数展示

（3）旺财每年初将 10000 元年终奖投入基金中，年均收益率为 10%，那么 10 年后的终值是多少？

$$F = 10000 \times \frac{(1 + 10\%)^{10} - 1}{10\%} \times (1 + 10\%) = 175311.67 \text{（元）}$$

$$F = FV(10\%, 10, -10000, 1) = 175311.67 \text{（元）}$$

FV 函数展示如图 7 - 4 所示。

（4）旺财分期付款购买手机，期限是 5 年，每年初付 300 元，设银行利率为 10%，该项分期付款相当于一次现金支付的购价是多少？

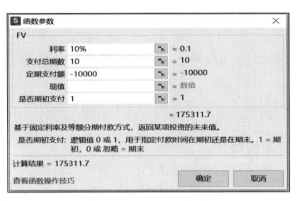

图 7 - 4　FV 函数展示

$$P = 300 \times \frac{1 - (1 + 10\%)^{-5}}{10\%} \times (1 + 10\%) = 1250.96 \ (\text{元})$$

$$P = \text{PV}(10\%, \ 5, \ -300, \ 1) = 1250.96 \ (\text{元})$$

PV 函数展示如图 7 - 5 所示。

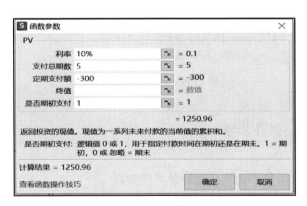

图 7 - 5　PV 函数展示

（5）旺财有一个每年 1000 元的永续现金流，如果利率为每年 10%，这一永续年金现值是多少？

$$\text{PV} = \frac{1000}{10\%} = 10000 \ (\text{元})$$

7.4 实战演练

7.4.1 案例简介

旺财的某抵押贷款相关信息如下。要求计算每月还款额。每月还款额样图如图 7 - 6 所示。

	A	B
1	贷款额	¥　135000.00
2	年利息率	4.50%
3	贷款年数	15
4		
5	月利息率	
6	贷款月数	
7	PVIFA系数	
8	月还款额(用公式计算)	
9	月还款额（用PMT函数计算）	

图 7 - 6　每月还款额样图

7.4.2 操作步骤

7.4.2.1 用公式和函数计算月还款额

（1）在单元格 B5，输入 = B1/12。

（2）在单元格 B6，输入 = B3 * 12。

（3）在单元格 B7，输入 = (1 - (1 + B5)^(- B6))/B5。

（4）在单元格 B8，输入 = B1/B7。（因为 PV = A * $PVIFA_{i,n}$）。

（5）在单元格 B9，输入 = PMT(B5,B6, - B1)。（因为【fv】和【type】是可选项，在这种情况下不需要使用）

（6）注意使用公式的答案和使用函数的答案之间的差异。

7.4.2.2　敏感性分析

使用模拟运算表执行敏感性分析（见图 7 - 7）。

（1）在单元格 D1 中，输入利率。

（2）在单元格 E1 中，输入月还款额。

（3）在单元格 D3 到单元格 D9 中输入所有可能的利率。

（4）在单元格 E2 中，输入对 B8 单元格引用。

（5）选择单元格 D2 至 E9（即"数据表"）。从【数据】选项卡中，点击【模拟运算表】。

（6）由于这是一个列表，点击"输入引用列单元格"数值框，选择单元格 B2（年利率）。

（7）点击"确定"。

（8）现在将结果设为货币格式。

	A	B	D	E
1	贷款额	135000.00	利率	月还款额
2	年利息率	4.50%		1032.74
3	贷款年数	15	2.50%	¥900.17
4			3%	¥932.29
5	月利息率	0.00375	3.50%	¥965.09
6	贷款月数	180	4%	¥998.58
7	PVIFA系数	130.720101	4.50%	¥1032.74
8	月还款额(用公式计算)	1032.74	5%	¥1067.57
9	月还款额（用PMT函数计算）	¥1032.74	5.50%	¥1103.06

图 7 - 7　敏感性分析

7.4.2.3　绘制结果图表

使用数据表结果构造一个柱形图来说明付款如何随着利率的变化而变化（其他都相等）。

（1）插入一个柱状图。

（2）选择图表，然后从功能区中点击"选择数据"。

（3）点击"系列"下的"添加"。由于你只绘制一个序列，因此在本例中不需要序列名。

（4）在"系列值"框中，选择要绘制的数据（单元格 E3：E9）。请注意，必须先删除 Excel 默认放入的"=｛1｝"。最简单的方法是点击右边的最小化按钮，选择单元格后，将对话框最大化。

（5）点击"确定"。

（6）点击"水平（分类）轴标签"框下的"编辑"。

（7）在工作表上，选择相关单元格（D 列中的利率），然后点击确定。

（8）添加图表标题和坐标轴标题。

（9）点击"数据标签"选项。选择"上方"将实际值放在每列的顶部。

（10）从"设计"选项卡中，选择"移动图表"按钮并选择"新工作表"。接受默认名称"Chart1"。

敏感性分析柱状图如图 7 - 8 所示。

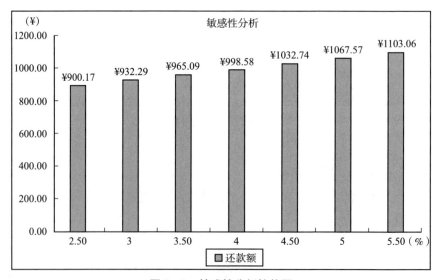

图 7 - 8　敏感性分析柱状图

【作业】

1. 旺财在 10 年内，每年末等额地向银行存入 1000 元，银行按 5% 的利率复利计息，那么旺财 10 年后可一次性从银行取出多少钱？

【答案】10 年后可一次性取出 12577.89 元。

2. 旺财打算在今后 4 年内，每年末等额从银行取出 2000 元，银行按 10% 的利率复利计息，那么旺财现在应一次性在银行存入多少钱？

【答案】现在应一次性在银行存入 6339.73 元。

3. 旺财在 10 年内，每年初等额地向银行存入 1000 元，银行按 5% 的利率复利计息，那么旺财 10 年后可一次性从银行取出多少钱？

【答案】10 年后可一次性从银行取出 13206.79 元。

4. 旺财采用分期付款方式购入商品房一套，每年初付款 15000 元，分 10 年付清。若银行利率为 6%，该项分期付款相当于一次现金支付的购买价是多少？

【答案】该项分期付款相当于一次现金支付的购买价是 117025.50 元。

5. 旺财打算在今后第 6 ～ 第 10 年每年末等额从银行取出 1000 元，银行按 8% 的利率复利计息，那么旺财现在应一次性在银行存入多少钱？

【答案】现在应一次性在银行存入 2717.37 元。

实验 8　个 人 贷 款

【学习目标】

本实验将学习以下内容：（1）理解 RATE 函数、NPER 函数、PMT 函数、PPMT 函数以及 IPMT 函数的概念；（2）掌握等额本息法和等额本金法并利用 Excel 解决实际生活中的贷款问题。

【背景】

生活中偿还贷款有两种方式，分别是等额本息法和等额本金法。等额本息法指固定月供金额，即每月偿还的金额是一定的；而等额本金法指每月偿还的本金是固定的。

8.1　理 论 基 础

8.1.1　基本概念

（1）等额本息法中的"等额"是指每期还的本息总额是相等的。等额本息法中将全部本金和利息等额均摊到每期偿还，因此等额还款法中每期还款额与年金的计算方法相同。

（2）等额本金法中的"等额"是指每期还的本金是相等的。每期除偿还本金之外，还需另外计算应还的利息。

8.1.2　基本原理

等额本息法是固定月供金额，然后通过上个月的剩余本金计算当月的利息，将月供金额减去利息后，就是偿还的本金部分。即固定月供，计算利息，剩下的就是本金。而等额本金法，固定的是每个月的偿还本金，然后根据上个月的剩余本金计算利息，将偿还的本金加上利息就是月供。

8.1.3　基本公式

在已知年金现值的情况下，用现值除以年金现值系数，即等额还本付息方式下的月还款额，其计算公式为：

$$PMT = P \times \frac{i}{1 - (1 + i)^{-n}}$$

8.2　实验技能

8.2.1　RATE 函数

RATE 函数是用来计算等额分期付款所实际支付的利率的函数。"等额分期付款"是指债务人向债权人等额定期（通常是每月）付款。每笔付款中都包含一部分本金和一部分利息。虽然付款总额保持不变，但构成本金和利息的部分，每月都不相同。

RATE 函数的功能是用来计算等额分期付款所实际支付的利率的

函数。公式为：

$$= RATE(nper, pmt, pv, fv, type)$$

其中，nper：期数。pmt：各期收付款额，即年金 A，如果忽略，则必须包含 PV 参数；pv：该项年金的现值，如果忽略，则必须包含 PMT 参数；type：数字 0 或 1，用以指定付款期是在期初还是期末，0 或忽略表示期末，表示期初。

注意：为防止符号相反，在计算时需要在现值（pv）或年金（pmt）前面加上负号。

以下函数的参数含义参见本条。

8.2.2　NPER 函数

NPER 函数是用来计算等额分期付款所需要偿还年数的函数。

8.2.3　PMT 函数

PMT 函数是用来计算等额分期付款每一年所需要偿还的本息和的函数。

8.2.4　PPMT 函数

PPMT 函数是计算在某一给定期次内的贷款本金偿还额的函数。

8.2.5　IPMT 函数

IPMT 函数是计算在某一给定期次内的贷款利息偿还额的函数。

8.3　小 试 牛 刀

【例 8-1】某人向银行贷款 10 万元，在今后 5 年中，每年末要向银行还款 2.34 万元，问银行贷款的年利率是多少？

RATE 函数参数输入如图 8-1 所示。

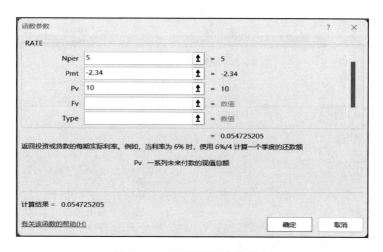

图 8-1　RATE 函数参数输入

【例 8-2】某公司拟对原有的一台设备进行更新改造，现在一次投资 10 万元，可使公司每年节约成本 2.5 万元。若利率为 6%，这项设备至少使用多少年才合算？

解析：新设备每年节约成本 2.5 万元，构成普通年金，现在投资的成本 10 万元为年金的现值。本例题要解决的是年金的期限问题。

NPER 函数参数输入如图 8-2 所示。

【例 8-3】某公司向银行贷款 400 万元，年利率为 8%，期限 4 年。若等额分期还款，每年年末应还多少元？

PMT 函数参数输入如图 8 - 3 所示。

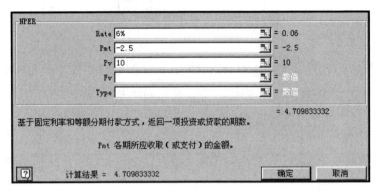

图 8 - 2　NPER 函数参数输入

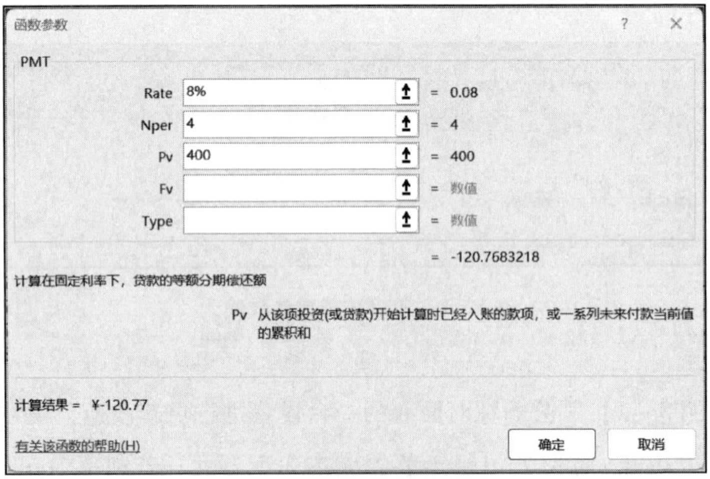

图 8 - 3　PMT 函数参数输入

【例 8 - 4】某公司向银行贷款 6000 万元，年利率为 10%，期限 5 年。则每一年的贷款利息偿还额是多少？

PPMT 函数参数输入如图 8 - 4 所示。

图 8 - 4　PPMT 函数参数输入

注意：图 8 - 4 为第一年偿还本金示意图，计算第二年本金只需 "per（period）" 参数值设置为 "2" 即可，其他年份以此类推。

【例 8 - 5】某公司向银行贷款 6000 万元，年利率为 10%，期限 5 年。那么在这一给定期次内的贷款利息偿还额为多少？

IPMT 函数参数输入如图 8 - 5 所示。

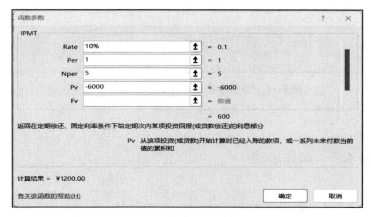

图 8 - 5　IPMT 函数参数输入

8.4 实 战 演 练

8.4.1 案例简介

小王准备创业，向银行贷款 69 万元，贷款 15 年，贷款年利率 4%。请问按每月等额还款法，小王每月底要还款多少元呢？小王在了解了每月需还款额后，还想知道每月还款中究竟有多少是本金，多少是利息。分别采用等额本息法和等额本金法，并进行区别比较。

两种方法的结构框架如图 8 - 6 所示。

	A	B	C	D	E	F	G	H	I	J
1	贷款金额	690000	元							
2	还款年限	15	年							
3	贷款年利率	4%								
4			等额本息法					等额本金法		
5	期数	每月还款	利息	本金	剩余本金	期数	每月还款	利息	本金	剩余本金
6	1					1				
7	2					2				
8	3					3				
9	4					4				
10	5					5				
11	6					6				
181	176					176				
182	177					177				
183	178					178				
184	179					179				
185	180					180				

图 8 - 6 等额本息法和等额本金法结构框架

注：为方便展示，第 12 ～第 180 行的数据被折叠，后续图同。

8.4.2 操作步骤

8.4.2.1 等额本息法

（1）在单元格 B6 中输入 = PMT($B$3/12, $B$2 * 12, -$B $1,,),

得到每月还款额 5103.85 元。

（2）在单元格 C6 中输入 = IPMT($B$3/12，A6，$B$2 * 12，- $B$1，，），得到第 1 个月偿还利息 2300 元。

（3）在单元格 D6 中输入 = PPMT T($B$3/12，A6，$B$2 * 12，- $B$1，，），得到第 1 个月偿还利息 2803.85 元。

（4）在单元格 E6 中输入 = B6 - D6。

（5）一并选中 B6 ~ E6，下拉至第 185 行。

8.4.2.2　等额本金法中

（1）在单元格 I6 中输入 = $B$1/15/12，得到每月偿还本金 3833.33 元。

（2）在单元格 H6 中输入 = B1 * $B$3/12，得到第 1 个月偿还利息 2300 元。

（3）在单元格 G6 中输入 = I6 + H6，得到第 1 个月还款总额 6133.33 元。

（4）在单元格 J6 中输入 = $B$1 - D6，得到第 1 个月月末剩余本金。

（5）在单元格 H7 中输入 = J6 * $B$3/12，得到第 2 个月偿还利息 2287.22 元。

（6）将 G6、H7、I6、J6 各单元格的内容分别复制填充至第 185 行。

8.4.2.3　等额本金法和等额本息法的比较

等额本息法的特点是每期还款金额都一样，每期还款金额中利息占比在下降，而每期还款金额中本金占比在提高。等额本金法的特点是每期还款总金额在下降，每期还款金额中利息金额在下降，而每期还款金额中本金金额一样（见图 8 - 7）。

如果不考虑其他因素，两种方法的还款总额现值是相等的，没有差别。

财务管理实验教程

	A	B	C	D	E	F	G	H	I	J
1	贷款金额	690000元								
2	还款年限	15年								
3	贷款年利率	4%								
4			等额本息法					等额本金法		
5	期数	每月还款	利息	本金	剩余本金	期数	每月还款	利息	本金	剩余本金
6	1	¥5103.85	¥2300.00	¥2803.85	¥687196.15	1	¥6133.33	¥2300.00	¥3833.33	¥686166.67
7	2	¥5103.85	¥2290.65	¥2813.19	¥684382.96	2	¥6120.56	¥2287.22	¥3833.33	¥682333.33
8	3	¥5103.85	¥2281.28	¥2822.57	¥681560.39	3	¥6107.78	¥2274.44	¥3833.33	¥678500.00
9	4	¥5103.85	¥2271.87	¥2831.98	¥678728.41	4	¥6095.00	¥2261.67	¥3833.33	¥674666.67
10	5	¥5103.85	¥2262.43	¥2841.42	¥675886.99	5	¥6082.22	¥2248.89	¥3833.33	¥670833.33
11	6	¥5103.85	¥2252.96	¥2850.89	¥673036.10	6	¥6069.44	¥2236.11	¥3833.33	¥667000.00
182	177	¥5103.85	¥67.49	¥5036.36	¥15210.03	177	¥3884.44	¥51.11	¥3833.33	¥11500.00
183	178	¥5103.85	¥50.70	¥5053.15	¥10156.88	178	¥3871.67	¥38.33	¥3833.33	¥7666.67
184	179	¥5103.85	¥33.86	¥5069.99	¥5086.89	179	¥3858.89	¥25.56	¥3833.33	¥3833.33
185	180	¥5103.85	¥16.96	¥5086.89	¥-0.00	180	¥3846.11	¥12.78	¥3833.33	¥-0.00
186	合计	¥918692.40	¥228692.40	¥690000.00		合计	¥898150.00	¥208150.00	¥690000.00	
187	考虑货币时间价值后还款总额			¥690000.00		考虑货币时间价值后还款总额			¥690000.00	

图 8-7　等额本息法与等额本金法结果表（考虑货币时间价值）

【作业】

刘先生打算购买一套房子，购买后需要偿还贷款 70 万元，偿还期限为 15 年，贷款年利率为 5%。如果刘先生提前 10 年还款的话，那么哪种还款方式更加划算呢？（请采用等额本息法和等额本金法）

【答案】等额本金法更加合算。

实验 9　模 拟 运 算

【学习目标】

本实验将学习以下内容：（1）理解模拟运算的概念和基本原理；（2）运用单变量和 PMT 函数求解月取款额等问题；（3）熟练掌握单变量模拟运算表和双变量模拟运算表的运用，并能用其进行敏感性分析，运用模拟运算表解决学习生活中的实际问题。

9.1　理 论 基 础

9.1.1　基本概念

（1）单变量模拟运算：单变量模拟运算是一种基于概率统计的方法，通过对特定变量进行多次随机抽样来模拟该变量概率分布和可能的取值范围。

（2）多变量模拟运算：多变量模拟运算是指在多个变量之间进行模拟运算，以预测未来的结果。

9.1.2　基本原理

在 Excel 中，我们可以通过使用多元函数和随机数函数进行多变量模拟运算。首先，我们需要确定需要模拟的变量和其取值范围；其次，通过建立多元函数模型，将不同变量之间的关系表达出来；最后，我们可以使用随机数函数来模拟不同的情景下变量的取值，从而得出相应的结果。

9.2 实 验 技 能

PMT 函数是 Excel 中一个常用的函数，它用于计算等额本息贷款或投资的每期支付金额。结构为：

$$= PMT(\text{rate}, \text{nper}, \text{pv}, \text{fv}, \text{type})$$

其中，rate：每期利率。如果贷款或投资是按年计息，则需要将年利率除以 12，得到每期利率；

nper：总期数，贷款或投资的总期数；

pv：现值，即贷款或投资的当前价值；

fv：终值，即在最后一次付款后，仍然存在的余额；

type：付款类型（可选），0 表示在期初支付；1 表示在期末支付。

9.3 实 战 演 练

9.3.1 案例简介

假设小毛想要给自己建立一个养老账户，在退休前 25 年内每年储蓄 10000 元，年利率为 8%。退休后小毛每年从账户上等额地取钱用于养老，假设提款年数为 20 年，问：小毛每年从账户中提取的相等的金额是多少，可以使最后一年末的账户余额为零？使用单变量和

PMT 函数求解。另外运用单变量模拟运算表和双变量模拟运算表进行敏感性分析。

9.3.2 操作步骤

9.3.2.1 编制账户余额变化表

表格式样如图 9－1 所示。

	A	B	C	D	E	F
1	储蓄年的假设：					
2	年存款额	¥10000.00				
3	储蓄年数	25				
4	储蓄年和取款年的假设：					
5	年利息率	8.00%				
6	提款年的假设：					
7	提款年数	20				
8	年等额取款额（用单变量求解）					
9						
10						
11						
12	年份	年初余额	利息额	年末存款额或取款额	年末余额	
13	1	¥0.00				
14	2					
15	3					
16	4					
17	5					
18	6					
51	39					
52	40					
53	41					
54	42					
55	43					
56	44					
57	45					

图 9－1 表格式样

注：为方便展示，第 19～第 50 行的数据被折叠。

9.3.2.2 公式计算年初余额、利息率、年末余额

（1）在 B8 单元格，输入一个假设值－50000 元，代表年度提款额。使用单变量求解后，此数字将被更改。

（2）在 B13 单元格，输入第 1 年的年初余额为 0。从第 2 年开始，每年的年初余额引用上一年的年末余额。

（3）输入计算利息的公式。在 C13 单元格，输入 = B13 * $B$5（年初余额是一个相对的单元格引用，利率是对利率假设的绝对单元格引用）。

（4）输入每年末存款额。在 D13 单元格，输入 =$B$2。按假设中规定的年限存款。

（5）计算年末余额。在 E13 单元格，输入 = B13 + C13 + D13。

（6）在 B14 单元格输入 = E13，将 C13，D13，E13 的内容分别复制到 C14，D14，E14。

（7）选择 B14 至 E14 单元格，复制填充到第 38 行。

（8）存款期结束后提款。在 D38 单元格，输入 = $B$8。注意提款额应该是负数。

（9）选择 B38 单元格至 E38 单元格，复制填充到最后一行。

计算后的式样如图 9 – 2 所示。

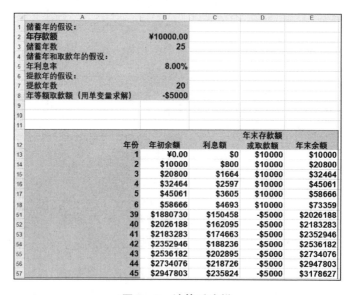

图 9 – 2　计算后式样

注：为方便展示，第 19 ~ 第 50 行的数据被折叠。

9.3.2.3　使用单变量求解确定相等的年度支取额

（1）选择【数据】选项卡，然后选择【模拟分析】，再选择【单变量求解】。

（2）点击【目标单元格】，然后点击最后一年末的单元格。

（3）在【目标值】中，输入0。

（4）在【可变单元格】中，向上滚动并选择 B8 的单元格。

（5）点击【确定】。

单变量求解式样如图 9 - 3 所示。

图 9 - 3　单变量求解式样

9.3.2.4　使用 PMT 函数确定提取额

在 B9 单元格输入 = PMT(B5 , B7 , FV(B5 , B3 , B2))

9.3.2.5　运用模拟运算表进行敏感性分析

建立一个模拟运算分析区域，如图 9 - 4 所示。通过改变利率来重新计算年提取额（对其假设不变）。

（1）在单元格 B61 中，输入 = B9。

（2）选中 A61 ~ B66，选择【数据】选项卡，【模拟分析】中【模拟运算表】。

（3）在"输入引用列单元格"数值框，输入 B5。

（4）点击"确定"。

59	单变量模拟运算表					
60		利率	年等额取款额		年存款额	年等额取款额
61						
62		7.0%			¥8000.00	
63		8.5%			¥9500.00	
64		9.0%			¥10000.00	
65		11.0%			¥12000.00	
66		15.0%			¥15000.00	
67						
68	双变量模拟运算表					
69			¥8000.00	¥9500.00	¥10000.00	¥12000.00	¥15000.00
70		7.00%					
71		8.50%					
72		9.00%					
73		11.00%					
74		15.00%					

图 9 - 4　模拟运算分析区域式样

（5） 在单元格 E61 中，输入 = B9。

（6） 选中 D61 ~ E66，其余步骤同上。

（7） 在"输入引用列单元格"数值框，输入 B2。

（8） 点击"确定"。

（9） 在单元格 A69 中，输入 = B9。

（10） 选中 A69 ~ E74，选择【模拟运算表】。

（11） 在"输入引用行单元格"数值框，输入 B2。

（12） 在"输入引用列单元格"数值框，输入 B5。

（13） 点击"确定"。

模拟运算表结果式样如图 9 - 5 所示。

59	单变量模拟运算表					
60		利率	年等额取款额		年存款额	年等额取款额
61			$74460			$74460
62		7.0%	$59703		¥8000.00	$59568
63		8.5%	$83129		¥9500.00	$70737
64		9.0%	$92787		¥10000.00	$74460
65		11.0%	$143675		¥12000.00	$89352
66		15.0%	$339961		¥15000.00	$111690
67						
68	双变量模拟运算表					
69		$74460	¥8000.00	¥9500.00	¥10000.00	¥12000.00	¥15000.00
70		7.00%	$47762	$56717	$59703	$71643	$89554
71		8.50%	$66503	$78973	$83129	$99755	$124694
72		9.00%	$74229	$88148	$92787	$111344	$139180
73		11.00%	$114940	$136491	$143675	$172410	$215513
74		15.00%	$271969	$322963	$339961	$407954	$509942

图 9 - 5　模拟运算表结果式样

【作业】

假设翠花想为孩子上大学建立一个生活费账户，10 年内每年储蓄 20000 元，年利率为 10%，孩子上大学后 5 年内每年从账户上等额地取钱。问：每年从账户中提取的相等的金额是多少，可以使最后一年末的账户余额为零？使用单变量和 PMT 函数求解。另外运用单变量模拟运算表和双变量模拟运算表进行敏感性分析。电子表格模拟运算表如图 9 - 6 所示。

图 9 - 6　作业电子表格式样

【答案】年等额取款额为 84085 元。

变量模拟运算表如图 9 - 7 所示。

单变量模拟运算表						
	利率	年等额取款额		年存款额	年等额取款额	
		$84085			$84085	
	7.0%	$67394		¥8000.00	$33634	
	8.0%	$72565		¥9500.00	$39940	
	9.0%	$78120		¥10000.00	$42043	
	11.0%	$90490		¥12000.00	$50451	
	15.0%	$121138		¥20000.00	$84085	
双变量模拟运算表						
$84085	¥8000.00	¥9500.00	¥10000.00	¥12000.00	¥20000.00	
7.00%	$26958	$32012	$33697	$40436	$67394	
8.50%	$30117	$35764	$37646	$45176	$75293	
9.00%	$31248	$37107	$39060	$46872	$78120	
11.00%	$36196	$42983	$45245	$54294	$90490	
15.00%	$48455	$57541	$60569	$72683	$121138	

图 9 - 7　变量模拟运算表

模块三　Excel 在金融资产估值中的应用

实验 10　单项资产风险衡量

【学习目标】

本实验将学习风险与报酬的基本理论与公式，并用 VAR 系列函数和 STDEV 系列函数解决单项资产及投资组合的收益与风险的计算问题。最终绘制各自收益率的散点图。

【背景】

风险指的是预期结果的不确定性，风险大有风险大的好处，例如，高风险能带来高收益；风险小有风险小的好处，例如，低风险低损失。但在金融领域，投资者对风险的认识通常都是负面的，这可能是因为人们在投资过程中遭受的损失远远大于收益。

10.1　理　论　基　础

10.1.1　基本原理

投资者认为风险体现在两个方面。一方面，如果你拥有一项资产，则这项资产可能在未来价格下跌；另一方面，如果不拥有特定资产，则很可能会错失未来资产价格上涨的机会。在前一种情况下，遭受实际损失；而在后一种情况下，遭受机会损失。为了解决这两种类型的损失，我们通常将风险衡量为资产的实际收益率与预期收益率之间的偏差。通常我们用历史收益率的平均值定义"期望报酬率"；用方差和标准差来衡量风险。

10.1.2 基本公式

（1）预期收益率：$E(r) = \dfrac{\sum\limits_{i=1}^{n} ri}{N}$

（2）样本方差：$\sigma^2 = \dfrac{\sum\limits_{i=1}^{n} [ri - E(r)]^2}{N-1}$

（3）样本标准差：$\sigma = \sqrt{\sigma^2}$

（4）年化收益率：$E(r)年 = [1 + E(r)月]^{12} - 1$

（5）年化标准差：$\sigma 年 = \sigma 月 \times \sqrt{12}$

10.2 实 验 技 能

10.2.1 VAR 系列函数

VAR 是计算样本方差的函数。

VAR.s 是计算样本方差的函数。

VAR.p 是计算总体方差的函数。

10.2.2 STDEV 系列函数

STDEV 是计算样本标准差的函数，它不计算文本值和逻辑值

（如 TRUE 和 FALSE）。

STDEVA 是计算样本标准差的函数，它也计算文本值和逻辑值
（如 TRUE 和 FALSE）的标准差。

STDEV.s 与 STDEV 两者的使用效果是相同的，唯一的区别为
STDEV 可以适用 Excel 2003 及以上版本，而 STDEV.s 在 Excel 2010
以上版本才可以使用。

STDEVP 是计算总体标准差的函数。STDEVP 对于文本值和逻辑
值（如 TRUE 和 FALSE）也计算在内。

STDEV.p 是计算总体标准差的函数，不计算文本值和逻辑值。

10.3　实 战 演 练

10.3.1　案例简介

江苏恒瑞医药股份有限公司是经江苏省人民政府批准，由连云港
恒瑞集团有限公司等五家发起人于 1997 年 4 月共同发起设立的股份
有限公司，是国内最大的抗肿瘤药物的研究和生产基地。

海尔生物医疗暨青岛海尔生物医疗股份有限公司，以建立物联
网时代的生物科技综合解决方案生态品牌为愿景，以诚信生态、共
享平台为价值观，专注于用户体验，始于低温存储、基于 IoT 平
台转型的生物科技综合解决方案服务商。2005 年，海尔生物医疗
开始从事生物医疗低温设备的制造与销售，涉足生物科技综合解
决方案市场的有关领域并在生物医疗低温存储行业具有全球领先
地位。

10.3.2 操作步骤

10.3.2.1 利用函数分别计算出期望收益率、年化收益率、方差、标准差、年化标准差

绘图数据如图 10 - 1 所示。

	恒瑞医药(A)	海尔生物(B)	
收益率之和	72.84%	145.31%	
样本个数	120	120	
期望收益率	0.6070%	1.2109%	←用公式计算
期望收益率	0.6070%	1.2109%	←用函数计算
年化收益率 E[r]	7.53%	15.54%	
方差	0.00207137	0.00557507	←用公式计算
标准差	4.55%	7.47%	
方差	0.00207137	0.00557507	←用函数计算
标准差	4.55%	7.47%	←用函数计算
年化标准差	15.77%	25.87%	

图 10 - 1　绘图数据

10.3.2.2 绘制散点图

通常最简单的方法是，点击一个单元格，该单元格距离任何数据至少一个空白单元格，以开始构建图表。如果使用一组数据中的选择内容开始图表，则 Excel 会认为您正在尝试使用该数据填充图表。这可能会造成混乱，并造成额外的不必要的工作。

（1）从功能区中点击【插入】，然后选择图表的【仅带有标记的散点图】样式。

（2）将数据添加到图表中。从股票 A 开始。

①从菜单上的【设计】选项卡中，选择【选择数据】按钮。

②点击【添加】。

③在【系列名称】框中键入股票的股票代码 A。

④为【X 系列值】选择标准差。

⑤为【Y 系列值】选择股票的期望报酬率。

重要提示：需要删除 Excel 自动放入【系列 Y 值】框 = {1} 中的信息。最简单的方法是点击输入框右侧 Y 值的【最小化】图标。无论如何执行，都必须删除 = {1}。否则，Excel 将给错误消息。

⑥重复此过程以添加股票 B 的 X 值和 Y 值。

（3）格式化水平轴（x 轴），以使最小值为零。为此，请在轴上点击鼠标右键，然后选择【格式化轴】。在【轴选项】下，将【最小值】更改为 0.0。

（4）从功能区将图表移到新的工作表。

①点击功能区上的【设计】，然后点击【移动图表】。

②右键点击【设置数据标签格式】，选择【标签选项】【标签包括】【系列名称】【X 值】【Y 值】。结果如图 10-2 所示。

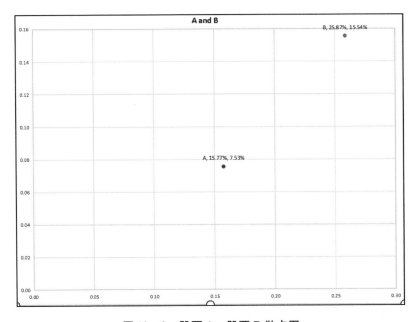

图 10-2 股票 A、股票 B 散点图

【作业】绘制图 10 – 3 所示的股票 A、股票 B 各自收益率的散点图。

	A	B
期望收益率	0.7962%	0.7277%
年化收益率 E[r	9.98%	9.09%
方差	0.003381406	0.002536702
标准差	5.81%	5.04%
年化标准差	20.14%	17.45%

图 10 – 3   作业数据

【答案】

收益率散点图如图 10 – 4 所示。

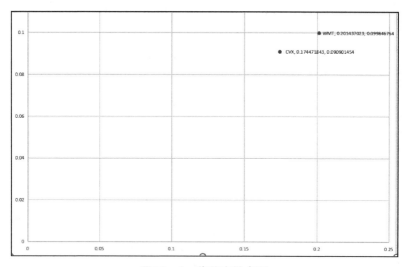

图 10 – 4   收益率散点图

实验 11　投资组合的风险衡量

【学习目标】

通过马科维茨投资组合理论的学习了解投资组合的相关内容，掌握投资组合风险与收益的计算方式及在 Excel 中的 COVAR 函数和 CORREL 函数，能够熟练运用 Excel 计算投资组合的风险与收益，运用知识解决学习生活中的实际问题。

11.1　理 论 基 础

11.1.1　基本原理

马科维茨投资组合理论的基本内容为：由若干种证券组成的投资组合，其收益是这些证券收益的加权平均数，但是其风险不是这些证券风险的加权平均风险，投资组合能降低风险。

11.1.2　基本公式

（1）投资组合的预期收益为：

$$r_p = r_a \times w_a + r_b \times w_b$$

其中，r_p 指投资组合的期望收益率；w_a 指投资于股票 a 的比例；r_a 指样本期内股票 a 的年化期望收益率；w_b 指投资于股票 b 的比例；

121

r_b 指样本期内股票 b 的年化预期收益率。

（2）协方差和相关系数：

$$cov(r_a,\ r_b)=\sigma(r_a,\ r_b)=\dfrac{\sum\limits_{i=1}^{n}\left[\,r_a-E(r_a)\,\right]*\left[\,r_b-E(r_b)\,\right]}{N-1}$$

$$\rho(r_a,\ r_b)=\dfrac{cov(r_a,\ r_b)}{\sigma(r_a)\sigma(r_b)}=\dfrac{\sigma(r_a,\ r_b)}{\sigma(r_a)\sigma(r_b)}$$

其中，$cov(r_a,\ r_b)$ 和 $\sigma(r_a,\ r_b)$ 均指股票 A 和股票 B 收益率的协方差；$E(r_a)$ 和 $E(r_b)$ 分别表示股票 A 和股票 B 的期望收益率；$\sigma(r_a)$ 和 $\sigma(r_b)$ 分别表示股票 A 和股票 B 的收益率的每月标准差；N 指收集的股票 A 和股票 B 收益率的样本总数。

（3）投资组合收益率的标准差：

$$\sigma_p=\sqrt{w_a^2\sigma^2(r_a)+2w_aw_b\sigma(r_a,\ r_b)+w_b^2\sigma^2(r_b)}$$

或 $\sigma_p=\sqrt{w_a^2\sigma^2(r_a)+2w_aw_b\rho(r_a,\ r_b)\sigma(r_a)\sigma(r_b)+w_b^2\sigma^2(r_a)}$

其中，w_a 和 w_b 分别代表投资于股票 A 和股票 B 的比例；$\sigma^2(r_a)$ 和 $\sigma^2(r_b)$ 分别表示股票 A 和股票 B 每月收益率的方差；$\rho(r_a,\ r_b)$ 表示股票 A 和股票 B 的收益率的相关系数。

11.2 实 验 技 能

11.2.1 COVAR 系列函数

COVAR 函数：计算总体协方差的函数。

COVARIANCE.P 函数：计算总体协方差的函数。

COVARIANCE.S 函数：计算样本协方差的函数。

11.2.2　CORREL 函数

Correl 函数：计算相关系数的函数。

11.3　小 试 牛 刀

股票 A 和股票 B 的部分年度收益率资料如图 11 – 1 所示。

	A	B	C
1	年度	股票A	股票B
2	1	26%	13%
3	2	11%	21%
4	3	15%	27%
5	4	27%	41%
6	5	21%	22%
7	6	32%	32%
8	股票A的权重	40%	
9	股票B的权重	60%	

图 11 – 1　股票 A 和股票 B 的部分年度收益率资料

（1）分别计算股票 A 和股票 B 的期望收益率及收益率的标准差。

（2）计算股票 A 和股票 B 收益率的相关系数。

（3）如果投资组合中，股票 A 占 40%，股票 B 占 60%，该组合的期望收益率和收益率的标准差是多少？

答：（1）建立如下操作区域，如图 11 – 2 所示。

	A	B	C
1	年度	股票A	股票B
11	个股期望收益率		
12	个股收益率样本方差		
13	个股收益率样本标准差		
14	收益率协方差		
15	收益率相关系数		
16	组合期望收益率		
17	组合标准差		

图 11 – 2　操作区域

（2）进行如下操作。

①在单元格 B11 中输入 = AVERAGE（B2：B7），得到股票 A 的期望收益率 22%。

②在单元格 B12 中输入 = VAR. S（B2：B7），得到股票 A 的收益率方差 0.62%。

③在单元格 B13 中输入 = STDEV. S（B2：B7），得到股票 A 的收益率标准差 7.9%。

④选中单元格 B11～B13，将其复制填充至 C11～C13 单元格中，得到股票 B 收益率的期望值、方差和标准差。

⑤在单元格 B14 中输入 = B8 * B11 + B9 * C11，得到投资组合的期望收益率为 24.4%。

⑥在单元格 B15 中输入 = COVARIANCE. S（B2：B7，C2：C7），得到股票 A 和股票 B 收益率的协方差为 0.27%。

⑦在单元格 B16 中输入 = CORREL（B2：B7，C2：C7），得到股票 A 和股票 B 收益率的相关系数为 0.35。

⑧在单元格 B17 中输入 = （B8^2 * B12 + 2 * B8 * B9 * B15 + B9^2 * C12）^0.5，得到投资组合的标准差为 7.55%。

（3）结果如图 11 – 3 所示。

	A	B	C
1	年度	股票A	股票B
2	1	26%	13%
3	2	11%	21%
4	3	15%	27%
5	4	27%	41%
6	5	21%	22%
7	6	32%	32%
8			
9	A股票的权重	40%	
10	B股票的权重	60%	
11	个股期望收益率	22%	26%
12	个股收益率样本方差	0.62%	0.94%
13	个股收益率样本标准差	7.90%	9.72%
14	收益率协方差	0.27%	
15	收益率相关系数	0.35	
16	组合期望收益率	24.40%	
17	组合标准差	7.55%	

图 11 – 3　操作结果

11.4　实　战　演　练

11.4.1　案例简介

A 公司和 B 公司在过去 10 年中每月 1 日的股票价格如下，假设未收到股利。要求：（1）分别计算两只股票的期望收益率、协方差和相关系数，操作区域如图 11－4 所示。

	日期	A	B	r(A)	r(B)	A) - E[r(A)] * [r(B) - E[r(B)])
114	2022/5/1	107.80	167.94			
115	2022/6/1	102.34	154.79			
116	2022/7/1	99.64	154.43			
117	2022/8/1	99.53	165.35			
118	2022/9/1	98.68	158.01			
119	2022/10/1	103.97	154.74			
120	2022/11/1	112.65	156.56			
121	2022/12/1	112.02	161.22			
122	2023/1/1	111.62	160.79			
123						
124	期望报酬率				用公式计算协方差	
125	年化期望报酬率				用函数计算协方差	
126	(月收益率的) 方差				用公式计算相关系数	
127	标准差				用函数计算相关系数	
128	年化标准差					

图 11－4　操作区域图示

（2）分别计算在相关系数为"真实相关系数""＋1"及"－1"和不同投资比例下，两只股票构成的投资组合的期望收益率和标准差，并绘制散点图。

11.4.2　操作步骤

11.4.2.1　计算两只股票各自的年化收益率和年化标准差

（1）月度实际收益率。

①在 D3 单元格输入 = B3/B2 - 1。

②将上述公式用填充柄向右拖曳至 E3 单元格。

③同时选中 D3 单元格和 E3 单元格，将鼠标放在填充柄的位置，双击右键，向下自动填充。完成两只股票各月实际收益率的计算。

（2）月期望收益率和年化收益率。

①用 AVERAGE 函数计算期望收益率，在 B124 单元格输入 = AVERAGE(D3:D122)。

②在 B125 单元格输入 = (1 + B124)^12 - 1。

③将上述结果用填充柄向右拖曳至 C124 单元格和 C125 单元格。

（3）月收益率的样本方差、样本标准差和年化标准差。

①在 B126 单元格输入 = VAR. s(D3:D122)。

②在 B127 单元格输入 = STDEV. s(D3:D122)。

③在 B128 单元格输入 = B127 * SQRT(12)。

④将上述结果用填充柄向右拖曳至 C126 单元格、C127 单元格和 C128 单元格。

11.4.2.2 计算两只股票的协方差和相关系数

（1）用公式计算样本协方差，公式如下：

$$cov(r_a, r_b) = \sigma(r_a, r_b) = \frac{\sum_{i=1}^{n} [r_a - E(r_a)] * [r_b - E(r_b)]}{N - 1}$$

①在 F3 单元格输入 = (D3 - \$B\$124) * (E3 - \$C\$124)。

②将该公式用填充柄向下拖曳至 F122 单元格。

③在 F124 单元格输入 = SUM(F3:F122)/(COUNT(F3:F122) - 1)。（将总和除以观察次数（N 减去 1））

（2）用函数计算样本协方差。

在 F125 单元格输入 = COVARIANCE. s(D3:D122,E3:E122)，验证协方差值。

注意：COVAR 功能不会进行标准的"自由度"调整。因此，必须将 COVAR 函数的输出乘以 N/（N-1）才能获得与上述公式完全相同的答案。

（3）用公式计算相关系数，公式为：

$$\rho(r_a, r_b) = \frac{cov(r_a, r_b)}{\sigma(r_a)\sigma(r_b)} = \frac{\sigma(r_a, r_b)}{\sigma(r_a)\sigma(r_b)}$$

在 F126 单元格输入 = F122/B127/C127，计算两只股票的相关系数。

（4）用函数计算相关系数。

在 F127 单元格输入 = CORREL（D3：D122，E3：E122）。

结果如图 11-5 所示。

	A	B	C	D	E	F	G
1	日期	A	B	r(A)	r(B)	A) - E[r(A)] * [r(B) - E[r(B))]	
116	2022/7/1	99.64	154.43	-2.64%	-0.24%	0.000560218	
117	2022/8/1	99.53	165.35	-0.11%	7.07%	-0.000899548	
118	2022/9/1	98.68	158.01	-0.86%	-4.44%	0.001266269	
119	2022/10/1	103.97	154.74	5.37%	-2.07%	-0.001276642	
120	2022/11/1	112.65	156.56	8.35%	1.18%	0.000021851	
121	2022/12/1	112.02	161.22	-0.56%	2.98%	-0.000360439	
122	2023/1/1	111.62	160.79	-0.36%	-0.27%	0.000250560	
123							
124	期望报酬率	1.41%	1.15%		用公式计算协方差	0.000974952	
125	年化期望报酬率	18.29%	14.70%		用函数计算方差	0.000974952	=COVAR(range)*(N/(N-1)
126	（月收益率的）方差	0.0041226056	0.0016025687		用公式计算相关系数	37.9305%	<-- Named "rho"
127	标准差	6.42%	4.00%		用函数计算相关系数	37.9305%	correl()
128	年化标准差	22.24%	13.87%				

图 11-5　相关计算结果展示

11.4.2.3　计算两只股票构成的投资组合的标准差和收益率

真实相关系数下的收益率和标准差操作区域如图 11-6 所示。

	用真实的相关系数计算投资组合的收益率和标准差					
	w(A)	w(B)	年化收益率	年化标准差	月度标准差	月度方差
130						
131	w(A)	w(B)	年化收益率	年化标准差	月度标准差	月度方差
132	0%	100%				
133	10%	90%				
134	20%	80%				
135	30%	70%				
136	38%	62%				
137	50%	50%				
138	62%	38%				
139	70%	30%				
140	80%	20%				
141	90%	10%				
142	100%	0%				

图 11-6　真实相关系数下的收益率和标准差操作区域

（1）使用公式 $\sigma_p^2 = w_a^2\sigma^2(r_a) + 2w_aw_b\sigma(r_a, r_b) + w_b^2\sigma^2(r_b)$ 计算投资组合月度收益率的方差。

（2）F132 单元格输入 = A132^2 * $B$126 + 2 * A132 * B132 * $F$125 + B132^2 * $C$126 或 = A132^2 * $B$126 + 2 * A132 * B132 * $B$127 * $C$127 * $F$127 + B132^2 * $C$126。

（3）计算组合月度收益率的标准差，在 E132 单元格输入 = SQRT(F132)。

（4）计算组合年化收益率的标准差，在 D132 单元格输入 = E132 * SQRT(12)。

（5）计算组合年化收益率，在 C132 单元格输入 = A132 * $B$125 + B132 * $C$125。

结果如图 11 - 7 所示。

130	用真实的相关系数计算投资组合的收益率和标准差				
131	w(A)	w(B)	年化收益率	年化标准差	月度标准差	月度方差
132	0%	100%	14.70%	13.87%	4.00%	0.001603
133	10%	90%	15.06%	13.48%	3.89%	0.001515
134	20%	80%	15.42%	13.43%	3.88%	0.001503
135	30%	70%	15.78%	13.71%	3.96%	0.001566
136	38%	62%	16.06%	14.16%	4.09%	0.001671
137	50%	50%	16.49%	15.17%	4.38%	0.001919
138	62%	38%	16.92%	16.52%	4.77%	0.002276
139	70%	30%	17.21%	17.57%	5.07%	0.002574
140	80%	20%	17.57%	19.02%	5.49%	0.003015
141	90%	10%	17.93%	20.58%	5.94%	0.003531
142	100%	0%	18.29%	22.24%	6.42%	0.004123

图 11 - 7　真实相关系数下的收益率和标准差结果展示

11.4.2.4　计算不同相关系数下的期望收益率和标准差

（1）将标题从"使用实际相关系数"更改为"假设相关系数 = +1.0"。

一切保持不变，但更改投资组合标准偏差，以使相关系数为 1.0。更改第一个投资组合标准偏差后，将其复制并粘贴到剩余的投资组合标准偏差上（见图 11 - 8）。

144	假设相关系数为+1					
145	w(A)	w(B)	年化收益率	年化标准差	月度标准差	月度方差
146	0%	100%	14.70%	13.87%	4.00%	0.001603
147	10%	90%	15.06%	14.70%	4.24%	0.001802
148	20%	80%	15.42%	15.54%	4.49%	0.002013
149	30%	70%	15.78%	16.38%	4.73%	0.002236
150	40%	60%	16.14%	17.22%	4.97%	0.002470
151	50%	50%	16.49%	18.05%	5.21%	0.002716
152	60%	40%	16.85%	18.89%	5.45%	0.002974
153	70%	30%	17.21%	19.73%	5.70%	0.003244
154	80%	20%	17.57%	20.57%	5.94%	0.003525
155	90%	10%	17.93%	21.40%	6.18%	0.003818
156	100%	0%	18.29%	22.24%	6.42%	0.004123

图 11 - 8　关系数为 + 1. 0 时的收益率和标准差

（2）将标题更改为"假设相关系数 = − 1.0"。

①一切保持不变，但再次更改投资组合标准差，以便相关系数为 − 1.0 而不是 + 1.0。更改第一个投资组合标准偏差后，将其复制并粘贴到剩余的投资组合标准偏差上（见图 11 − 9）。

158	假设相关系数为-1					
159	w(A)	w(B)	年化收益率	年化标准差	月度标准差	月度方差
160	0%	100%	14.70%	13.87%	4.00%	0.001603
161	10%	90%	15.06%	10.26%	2.96%	0.000877
162	20%	80%	15.42%	6.65%	1.92%	0.000368
163	30%	70%	15.78%	3.03%	0.88%	0.000077
164	40%	60%	16.14%	0.58%	0.17%	0.000003
165	50%	50%	16.49%	4.19%	1.21%	0.000146
166	56%	44%	16.71%	6.35%	1.83%	0.000336
167	70%	30%	17.21%	11.41%	3.29%	0.001085
168	80%	20%	17.57%	15.02%	4.34%	0.001880
169	90%	10%	17.93%	18.63%	5.38%	0.002893
170	100%	0%	18.29%	22.24%	6.42%	0.004123

图 11 − 9　投资组合在相关系数为 − 1. 0 时的收益率和标准差

②绘制不同系数下投资组合的散点图。

使用图 11 − 9 中的两只股票投资组合，绘制在"实际相关系数""相关系数为 + 1.0""相关系数为 − 1.0"下的投资组合预期收益（y 轴）和投资组合标准收益率偏差（x 轴）的 XY 散点图，如图 11 − 10 所示（绘制散点图的具体操作见单项资产的收益率散点图方法）。

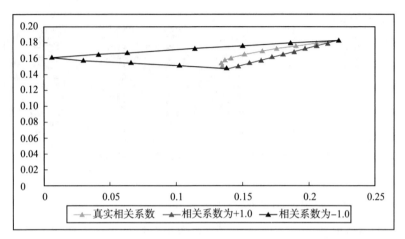

图 11 - 10　投资组合在不同相关系数下的散点图

【作业】任选两只股票，分别计算其期望收益率、协方差和相关系数，并考虑将这两只股票组成一个投资组合后，曲线会朝着哪个方向发展？

实验 12　投资组合风险的衡量拓展

【学习目标】

本实验将使用一些更高级的方法计算方差和协方差。此外，我们将使用 Excel 加载项求解器计算三种股票投资组合的权重，以便在受到多个约束的情况下，使投资组合标准差最小。结果显示，三只股票投资组合的表现优于（从风险收益的角度）两种股票组合中的任何一种。这是投资组合理论的重要成果，也是哈里·马科维茨（Harry Markowitz）获得诺贝尔经济学奖的原因之一。此实验中，我们将再次结合两只股票投资组合的预期收益和方差，并绘制到一张图表上。

12.1　理　论　基　础

12.1.1　基本原理

投资组合理论的核心观点是，不同的资产具有不同的风险与收益特征。风险与收益通常是正相关的，即高风险资产往往具有高收益潜力，而低风险资产则相对收益较低。投资者可以通过合理配置资金，将高风险与低风险资产进行组合，以达到风险与收益的平衡。投资组合理论认为，通过将不同种类、不同风险的资产进行组合，可以有效降低整体投资组合的风险。这是因为不同资产之间存在一定的相关性，当某一资产表现不佳时，其他资产可能会表现较好，从而实现风险的分散。

12.1.2 基本公式

（1）投资组合的预期收益：

$$r_p = r_a w_a + r_b w_b + r_c w_c$$

其中，r_p 指投资组合的期望收益率；w_a 指投资于股票 A 的比例；r_a 指样本期内股票 A 的年化期望收益率；w_b 指投资于股票 B 的比例；r_b 指样本期内股票 B 的年化预期收益率；w_c 指投资于股票 C 的比例；r_c 指样本期内股票 C 的年化期望收益率。

（2）投资组合收益率的标准差：

$$\sigma_p = \sigma_a^2 w_a^2 + \sigma_b^2 w_b^2 + \sigma_c^2 w_c^2 + 2\sigma_a w_a \sigma_b w_b \rho_{ab} + 2\sigma_a w_a \sigma_c w_c \rho_{ac} + 2\sigma_b w_b \sigma_c w_c \rho_{bc}$$

其中，w_a、w_b、w_c 分别代表投资于股票 A、股票 B、股票 C 的比例；σ_a^2、σ_b^2、σ_c^2 分别表示股票 A、股票 B、股票 C 每月收益率的方差；ρ_{ab}、ρ_{ac}、ρ_{bc} 表示股票 A、股票 B、股票 C 的收益率的相关系数。

12.2 实 验 技 能

12.2.1 MMULT 函数

Microsoft Excel 中的 MMULT 函数用于返回两个数组的矩阵乘积。结果矩阵的行数与 array1 的行数相同，矩阵的列数与 array2 的列数相同。array1 的列数必须与 array2 的行数相同，而且两个数组中都只能包含数值。参数 array1 和参数 array2 可以是单元格区域、数组常量或引用。

在以下情况下，MMULT 返回错误值#VALUE!，任意单元格为空或包含文字或者是 array1 的列数与 array2 的行数不相等。

两个数组 b 和 c 的矩阵乘积 a 为：$a_{ij} = \sum_{k=1}^{n} b_{ik} c_{kj}$

其中，i 为行数；j 为列数。对于返回结果为数组的公式，必须以数组公式的形式输入。

12.2.2　规划功能

规划求解是 Microsoft Excel 加载项程序，可用于模拟分析。使用"规划求解"查找一个单元格（称为目标单元格）中公式的优化（最大或最小）值，受限或受制于工作表上其他公式单元格的值。"规划求解"与一组用于计算目标和约束单元格中公式的单元格（称为决策变量或变量单元格）一起工作。"规划求解"调整决策变量单元格中的值以满足约束单元格上的限制，并产生您对目标单元格期望的结果。

简单来说，使用"规划求解"可通过更改其他单元格来确定一个单元格的最大值或最小值。例如，你可以更改计划的广告预算金额，并查看对计划利润额产生的影响。

12.3　操　作　步　骤

12.3.1　计算三只股票两两之间的协方差矩阵

检查【分析工具库】和是否已添加到 Excel 中。

（1）点击功能区上的【数据】，然后在最右边查看。如果在【分析】组中没有看到【数据分析】和【规划求解】，则需要按以下步骤添加它们。

①点击功能区上的【文件】，然后点击【选项】，点击【加载项】。

②在底部的【管理】下拉框中，选择【Excel 加载项】。然后点击【转到】。

③勾选【分析工具库】和【规划求解加载项】前面的复选框，然后点击【确定】。如图 12－1 所示。

图 12－1　分析工具库样式图

（2）点击功能区上的【数据】，然后点击【分析】组中的【数据分析】。

（3）选择【协方差】，然后点击【确定】（见图 12－1）。

（4）点击【输入区域】框，然后选择包含三个系列中所有收益的单元格（E1：G122），包括第 1 行中输入的标签。

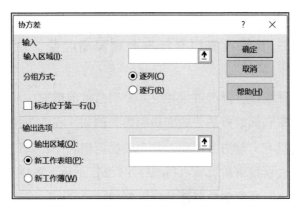

图 12 - 2　协方差样式

（5）勾选【标志位于第一行】。

（6）分组方式【逐列】。

（7）点击【输出区域】按钮，然后在其对话框输入 A130。

Excel 返回的矩阵是一个"下三角"矩阵，因此，需要手动填写此矩阵的"上三角"部分，才能完成【3×3】矩阵（矩阵始终为 n×n，其中，n 是投资组合中的股票数量），这里只需要使用单元格引用即可完成此操作。对角线上都是方差项（股票与自身的协方差就是方差）。

刚刚创建的"方差—协方差"矩阵（见图 12 - 3），是使用总体 n 来计算的。严格来说应该乘以 n，再除以（n-1），使用这个练习的目的是表现投资组合如何分散风险，只要目的能够实现，为了节约时间，请勿对协方差计算结果进行任何调整。

▲	A	B	C	D
		r(科大国创)	r(华工科技)	r(中国软件)
130				
131	r(科大国创)	0.005634356	0.001968161	0.003336852
132	r(华工科技)	0.001968161	0.005881949	0.002393077
133	r(中国软件)	0.003336852	0.002393077	0.006257714

图 12 - 3　"方差—协方差"矩阵

12.3.2 计算投资组合标准差和预期收益

随着投资组合中资产数量和协方差项数量的增加，计算投资组合的预期收益率和标准差的公式变得困难。例如，在 2 个股票的投资组合中，我们只有 1 对协方差项，在 3 股投资组合中，我们有 3 对协方差。将 n 个股票投资组合将有【n(n−1)/2】个协方差项。

12.3.2.1 设置每只股票的比重区域

（1）作为起点，假设每只股票的权重为 0.3333，将该区域设置为"3 * 1"矩阵（即 3 乘 1 列，一列数字）。在矩阵的底部（单元格 B141），输入一个公式对权重求和（权重之和应始终为 1.0）。此总和将在以后用作约束，必须保证投资组合将 100% 的资金投资于这些资产。

（2）此外，单元格 C137、单元格 D137 和单元格 E137 中的股票权重引用自 B138 ~ B140。

12.3.2.2 计算期望报酬率下的最优投资组合

D148 ~ D156 是事先给出来的期望报酬率，需要逐一测算在每一个期望报酬率下最小组合标准差。在单元格 C145 中输入设定好的期望报酬率。

（1）使用 MMULT 函数计算投资组合的标准差。

$$= MMULT(array1, array2)$$

Array1，Array2 是要进行矩阵乘法运算的两个数组。

说明：Array1 的列数必须与 Array2 的行数相同，而且两个数组中都只能包含数值。

（2）如果一步计算投资组合的年化标准差，在单元格 C143 输入公式 = ((MMULT(MMULT(C137:E137,B131:D133),B138:B140))^0.5) * SQRT（12），如图 12 − 4 所示。

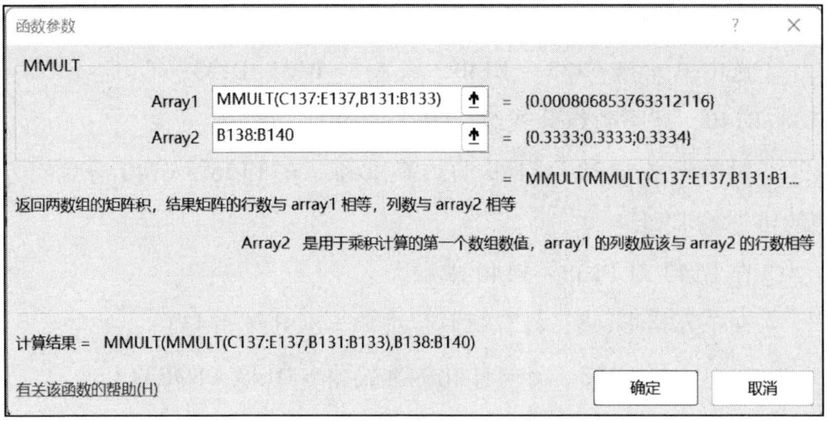

图 12 - 4　MMULT 函数展示

（3）如果分步计算，首先，在单元格 E143，计算每月投资组合方差 = MMULT(MMULT(C137 : E137，B131 : D133)，B138 : B140)。

其次，在单元格 D143，计算每月标准差 = SQRT(E143)。

最后，在单元格 C143，计算年化标准偏差 = D143 * SQRT(12)。

（4）在单元格 C144 输入公式 = MMULT(C137 : E137，C138 : C140)，如图 12 - 5 所示。

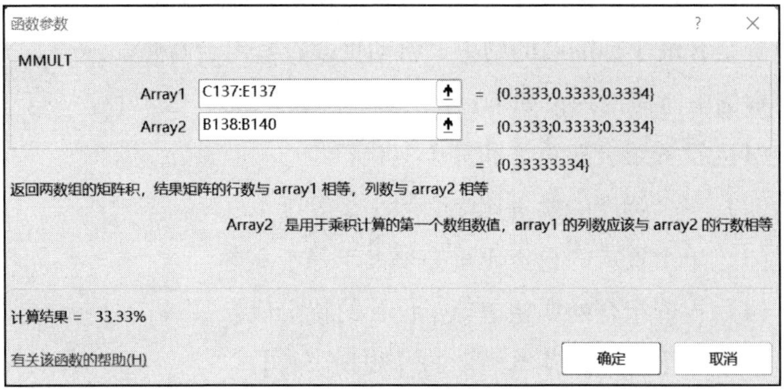

图 12 - 5　MMULT 函数展示

（5）使用数组公式计算投资组合的标准差。

①选中单元格 C138 ~ E140，输入 ＝ B131：D133 ＊ C137：E137 ＊ B138：B140，按下数组公式组合键。

②对单元格 C138 ~ E140 的结果求和。在 F138 ~ F140 分别对左侧的协方差求和。

③在 E143 对 F138 ~ F140 求和。

④在单元格 D143，计算每月标准差 ＝ SQRT（E143）。

⑤在单元格 C143，计算年化标准偏差 ＝ D143 ＊ SQRT（12）。

⑥在单元格 C144 输入公式 ＝ B138 ＊ E126 ＋ B139 ＊ F126 ＋ B140 ＊ G126。

到此为止完成的分析说明了在给定三只股票中的权重相等的情况下计算投资组合预期收益和标准差。但是，投资组合不太可能在每个股票具有相同权重的情况下实现卓越的投资组合绩效。在大多数情况下，应该对一只优秀的股票投资较大，而对投资组合的其他组成部分进行较小的投资。

（6）使用规划求解器，计算在给定期望报酬率的情况下最佳投资组合权重。

规划求解器会根据给定每个组合的预期收益、方差—协方差矩阵及投资组合最小标准差的约束，自动更改投资组合权重。

本例中所需的约束如下：

（1）投资组合权重之和等于 100%。

（2）单个资产的投资比重必须小于等于 100%。

（3）单个资产的投资比重必须大于等于 0。

（4）投资组合的期望值等于设置的特定值。

①点击【数据】菜单栏上的【规划求解】。

②在【设置目标】对话框，输入 C143；在【到】，选择"最小值"（告诉规划求解器，你要优化投资组合的标准差）。

③在【通过更改单元格】框中，输入 B138：B140（这告诉规划求解器更改权重以使投资组合标准差最小化）。

④输入上面给出的四个约束条件。点击【遵守约束】下的【添加】按钮。

在【单元格引用】对框中输入 B141（对于本例）。将约束设置为 = ，然后在【约束】框中输入 1。这样可以确保投资组合权重之和为 1.0。

⑤点击【确定】。

⑥以此类推，再次点击【添加】，继续输入其他约束条件。输入所有约束后，点击"求解"。规划求解器将根据列出的限制条件为投资组合中的每种股票选择权重，以使投资组合的标准偏差最小。

⑦规划求解器将询问是否要保留求解器解决方案或恢复原始值。点击【保留规划求解方案】，然后点击【确定】。

⑧将结果手动输入或复制粘贴（必须只复制数值）到 148 行相应的位置。

对于每个给定的预期收益，重新运行规划求解器并让其计算最小标准差和投资组合权重。每次运行规划求解之前，必须将单元格 C145 更改为目标预期收益。

12.3.3　将三种股票组合的结果添加到风险—收益散点图上

包含三种两只股票投资组合的图表已经在前一个实验【作业】中完成。你所要做的是添加另一个系列，把包含三只股票的投资组合的优化标准差和预期收益添加进来。

【操作步骤】使用规划求解器，计算在给定期望报酬率的情况下最佳投资组合权重。

规划求解器会根据给定每个组合的预期收益、方差—协方差矩阵及投资组合最小标准差的约束，自动更改投资组合权重。

所需的约束如下：

（1）投资组合权重之和等于100%。

（2）单个资产的投资比重必须小于等于100%。

（3）单个资产的投资比重必须大于等于0。

（4）投资组合的期望值等于设置的特定值。

①点击【数据】菜单栏上的【规划求解】。

②在【设置目标】对话框，输入C143；在【到】，选择"最小值"。

③在【通过更改单元格】框中，输入B138:B140。

④输入上面给出的四个约束条件。点击【遵守约束】下的【添加】按钮。

在【单元格引用】对框中输入B141。将约束设置为＝，然后在【约束】框中输入1。这样可以确保投资组合权重之和为1.0。

⑤点击【确定】。

⑥以此类推，再次点击【添加】，继续输入其他约束条件。输入所有约束后，点击"求解"。规划求解器将根据列出的限制条件为投资组合中的每种股票选择权重，以使投资组合的标准偏差最小。

⑦规划求解器将询问是否要保留求解器解决方案或恢复原始值。点击【保留规划求解方案】，然后点击【确定】。

⑧对于每个给定的预期收益，重新运行规划求解器并让其计算最小标准差和投资组合权重。每次运行规划求解之前，必须将单元格C145更改为目标预期收益率。依次更改预期收益率为14%、14.3%、

14.6%到16.6%，计算出对应的最小标准差和投资组合权重并手动输入或复制粘贴（必须只复制数值）到148行值156行相应的位置。结果如图12 – 6所示。

	A	B	C	D	E
147	w(科大国创)	w(华工科技)	w(中国软件)	E(投资组合回报)	投资组合标准差
148	89.65%	10.35%	0.00%	14.00%	24.39%
149	65.84%	34.16%	0.00%	14.30%	21.95%
150	51.41%	41.02%	7.58%	14.60%	21.22%
151	37.72%	40.12%	22.16%	15.00%	20.88%
152	27.45%	39.45%	33.10%	15.30%	21.02%
153	17.18%	38.78%	44.04%	15.60%	21.49%
154	3.49%	37.88%	58.63%	16.00%	22.59%
155	0.00%	24.96%	75.04%	16.30%	23.97%
156	0.00%	5.73%	94.27%	16.60%	26.47%

图 12 – 6 投资组合比例结果展示

分别以投资组合风险为 x 轴，投资组合预期收益为 y 轴，将三只股票的投资组合数据标注在图上，结果如图12 – 7所示。

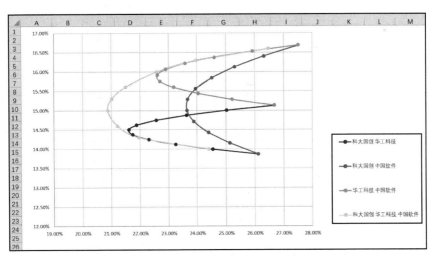

图 12 – 7 三只股票投资组合结果展示

12.3.4 风险资产和无风险资产的再次组合

【练习】假设有一只无风险资产与原有的有风险资产进行再次组合，请计算组合以后的风险和收益，并绘图。

【举例】假设有两只有风险资产如图 12 - 8 所示。

	A	B	C	D	E
1	日期	贵州茅台	洋河股份	r(贵州茅台)	r(洋河股份)
2	2008/9/1	12.2448	0.0202		
3	2008/10/1	12.6409	0.0228	3.23%	12.87%
4	2008/11/1	13.3284	0.0213	5.44%	-6.58%
5	2008/12/1	14.1455	0.0233	6.13%	9.39%
6	2009/1/1	15.1063	0.0238	6.79%	2.15%
7	2009/2/1	15.6553	0.0209	3.63%	-12.18%
8	2009/3/1	16.3436	0.0201	4.40%	-3.83%
9	2009/4/1	19.0011	0.0224	16.26%	11.44%
10	2009/5/1	19.9268	0.0334	4.87%	49.11%
121	2018/8/1	1944.2546	367.6360	7.74%	-3.10%
122	2018/9/1	2220.6392	466.6330	14.22%	26.93%
123	2018/10/1	2490.9678	516.1780	12.17%	10.62%
124	2018/11/1	2816.4016	568.2020	13.06%	10.08%
125	2018/12/1	2610.1208	575.7050	-7.32%	1.32%
126	2019/1/1	3287.2715	792.0420	25.94%	37.58%
127	2019/2/1	3291.5830	973.8970	0.13%	22.96%
128	2019/3/1	3687.3318	1298.8210	12.02%	33.36%
129	2019/4/1	4220.2441	1670.0060	14.45%	28.58%
130	2019/5/1	3903.3164	2021.4010	-7.51%	21.04%
131	2019/6/1	4575.3315	1837.3650	17.22%	-9.10%
132	2019/7/1	4827.2651	1626.4821	5.51%	-11.48%
133	2019/8/1	5558.3960	1274.4742	15.15%	-21.64%
134	2019/9/1	5853.4714	1671.2120	5.31%	31.13%
135	2019/10/1	6094.6129	1866.6743	4.12%	11.70%
136	2019/11/1	6255.4065	1980.1696	2.64%	6.08%
137	2019/12/1	6412.8009	2290.2443	2.52%	15.66%
138	2020/1/1	7078.3727	2394.6835	10.38%	4.56%
139	2020/2/1	8346.6322	1505.0407	17.92%	-37.15%
140	2020/3/1	7796.3223	1929.7857	-6.59%	28.22%
141	2020/4/1	8526.0399	2254.9606	9.36%	16.85%
142	2020/5/1	9860.3410	2272.5781	15.65%	0.78%
143	2020/6/1	9878.6229	2646.0623	0.19%	16.43%
144	2020/7/1	9599.1051	3519.5935	-2.83%	33.01%
145	2020/8/1	10469.5654	3955.8253	9.07%	12.39%
146	2020/9/1	10627.4315	3968.8709	1.51%	0.33%
147	2020/10/1	10833.8759	4470.2698	1.94%	12.63%
148	2020/11/1	11007.8987	5440.5599	1.61%	21.71%

图 12 - 8 两只有风险资产展示

注：为方便展示，第 11 ~ 第 120 行的数据被折叠。

分别计算出两只资产的预期收益和标准差以及两只资产的相关系数，并假设无风险资产的预期收益是 1.66%，结果如图 12 - 9 所示。

	r(贵州茅台)	r(洋河股份)	无风险资产
预期收益	4.96%	10.65%	1.66%
标准差	6.53%	18.91%	0.00%
相关系数	4.00%		

图 12 - 9 两只有风险资产展示

计算两只股票占比不同的情况下投资组合的预期收益和标准差，并将贵州茅台占比 80% 和洋河股份占比 20% 以及两只资产各占比 50% 分别设定为风险组合 1 和风险组合 2，结果如图 12 - 10 所示。

	A	B	C	D	E
155	w(贵州茅台)	w(洋河股份)	投资组合预期收益	投资组合标准差	
156	100%	0%	4.96%	6.53%	
157	90%	10%	5.52%	6.25%	
158	80%	20%	6.09%	6.57%	<<--风险组合1
159	70%	30%	6.66%	7.43%	
160	60%	40%	7.23%	8.66%	
161	50%	50%	7.80%	10.13%	<<--风险组合2
162	40%	60%	8.37%	11.75%	
163	30%	70%	8.94%	13.46%	
164	20%	80%	9.51%	15.24%	
165	10%	90%	10.08%	17.06%	
166	0%	100%	10.65%	18.91%	

图 12 - 10 两只有风险资产展示

分别将风险组合 1、风险组合 2 与无风险资产再次组合，并计算出投资组合预期收益与投资组合标准差，结果如图 12 - 11 和图 12 - 12 所示。

	A	B	C	D
169	w(无风险资产)	w(风险组合1)	投资组合预期收益	投资组合标准差
170	100%	0%	1.66%	0.00%
171	90%	10%	2.10%	0.66%
172	80%	20%	2.55%	1.31%
173	70%	30%	2.99%	1.97%
174	60%	40%	3.43%	2.63%
175	50%	50%	3.88%	3.29%
176	40%	60%	4.32%	3.94%
177	30%	70%	4.76%	4.60%
178	20%	80%	5.21%	5.26%
179	10%	90%	5.65%	5.92%
180	0%	100%	6.09%	6.57%
181	-10%	110%	6.54%	7.23%
182	-20%	120%	6.98%	7.89%
183	-30%	130%	7.42%	8.54%
184	-40%	140%	7.87%	9.20%
185	-50%	150%	8.31%	9.86%
186	-60%	160%	8.75%	10.52%
187	-70%	170%	9.20%	11.17%
188	-80%	180%	9.64%	11.83%
189	-90%	190%	10.08%	12.49%
190	-100%	200%	10.53%	13.14%

图 12 – 11　风险组合 1 与无风险资产组合展示

	A	B	C	D
193	w(无风险资产)	w(风险组合2)	投资组合预期收益	投资组合标准差
194	100%	0%	1.66%	0.00%
195	90%	10%	2.27%	1.01%
196	80%	20%	2.89%	2.03%
197	70%	30%	3.50%	3.04%
198	60%	40%	4.12%	4.05%
199	50%	50%	4.73%	5.06%
200	40%	60%	5.34%	6.08%
201	30%	70%	5.96%	7.09%
202	20%	80%	6.57%	8.10%
203	10%	90%	7.19%	9.12%
204	0%	100%	7.80%	10.13%
205	-10%	110%	8.42%	11.14%
206	-20%	120%	9.03%	12.15%
207	-30%	130%	9.64%	13.17%
208	-40%	140%	10.26%	14.18%
209	-50%	150%	10.87%	15.19%
210	-60%	160%	11.49%	16.21%
211	-70%	170%	12.10%	17.22%
212	-80%	180%	12.71%	18.23%
213	-90%	190%	13.33%	19.24%
214	-100%	200%	13.94%	20.26%

图 12 – 12　风险组合 2 与无风险资产组合展示

分别以投资组合风险为 x，投资组合预期收益为 y，将两组投资组合的数据标注在图上，结果如图 12 - 13 所示。

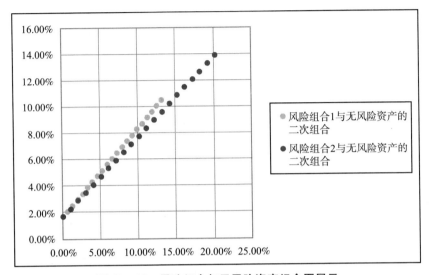

图 12 - 13　风险组合与无风险资产组合图展示

模块四　Excel 在风险评估中的应用

实验 13　贝 塔 系 数

【学习目标】

了解风险的构成，学会利用 Excel 计算股票的贝塔系数，熟练运用所学知识解决学习生活中的实际问题。

13.1　理论基础

13.1.1　风险原理

风险包括系统风险和非系统风险。系统风险是指那些影响所有公司的因素引起的风险，如战争、经济衰退等。所以，不管投资多样化有多充分，即使购买的是市场上全部的股票，系统风险也不可能被完全消除，也称"不可分散风险"。非系统风险是指发生于个别公司的特有事件造成的风险。由于非系统风险可以通过投资多样化分散，因此也称"可分散风险"。

根据投资组合理论，如果组合中资产数量足够多（在 20 只以上），绝大多数非系统风险就会被分散，只剩下系统风险。

通常我们常采用标准差来度量某只股票的风险。标准差越大，实际结果接近预期结果的可能性就越小，风险就越大。

149

13.1.2 β系数

β系数（beta coefficient），也称贝塔系数，是一种风险指数，用以度量一种证券或一个投资证券组合相对于整个股市的价格波动情况，其绝对值越大，显示其收益变化幅度相对于大盘的变化幅度越大；绝对值越小，显示其变化幅度相对于大盘越小；如果是负值，则显示其变化的方向与大盘的变化方向相反。β系数主要有两种计算方法：定义法和回归直线法。

（1）定义法。即：

$$\beta = \frac{COV(R_j, R_m)}{\sigma_m^2}$$

又有：

$$COV(R_j, R_m) = \rho_{jm}\sigma_j\sigma_m$$

可得出：

$$\beta = \frac{COV(R_j, R_m)}{\sigma_m^2} = \frac{\rho_{jm}\sigma_j\sigma_m}{\sigma_m^2} = \rho_{jm}\frac{\sigma_j}{\sigma_m}$$

其中，$COV(R_j, R_m)$：资产 j 与市场组合的协方差；ρ_{jm}：资产 j 与市场组合的相关系数；σ_j：资产 j 的标准差；σ_m：市场组合的标准差。

所以，某种股票 β 值的大小取决于：该股票与整个市场的相关性、股票自身的标准差、整个市场的标准差。

β系数等于1，说明它的系统风险与整个市场的平均风险相同；

β系数大于1（如为2），说明它的系统风险是市场组合系统风险的2倍；

β系数小于1（如为0.5），说明它的系统风险只是市场组合系统风险的一半。

当某股票与市场组合的相关系数小于0时，贝塔系数为负值，这种情况极为罕见。

（2）回归直线法。根据数理统计的线性回归原理，β 系数可以通过同一时期内某资产收益率和市场组合收益率的历史数据，使用线性回归方程预测出来，即：

$$y = a + bx$$

$$b = \frac{n \sum xy - \sum x \sum y}{n \sum x^2 - \left(\sum x \right)^2}$$

其中，y：某股票的收益率；x：市场组合的收益率；b：该线性回归方程的回归系数，即 β 系数。

13.2　实　验　工　具

（1）STDEVP 函数，基于以参数形式给出的整个样本总体计算标准偏差。标准偏差反映相对于平均值的离散程度。

（2）COVAR 函数，用来计算协方差，即每对数据点的偏差乘积的平均数。

（3）CORREL 函数，用来计算两个数据集的相关系数，使用相关系数可以确定两种属性之间的关系。

13.3　小　试　牛　刀

计算一只股票历史价格的标准差：随意选择一只股票，将其历史价格导入 Excel 中，在一空白单元格中输入函数 " = STDEVP ("，随即选中股票的历史价格，再输入")"，按回车键，即可在空白单元格中计算出这只股票历史价格的标准差。

计算两只股票的相关系数：在一空白单元格中输入函数 " = CORREL ("，选中一只股票的区域，输入 "，"，随即选中另一只股票的区域，再输入 "）" 按回车键，即可在空白单元格中计算出两只股票的相关系数。

13.4 实 战 演 练

图 13 - 1 为 2009 ~ 2023 年 A 股票和市场组合的收益率情况，可利用定义法和回归直线法计算 A 股票的 β 系数。

年度	A股票收益率	市场组合收益率
2009	2. 20	3. 00
2010	11. 00	5. 00
2011	-3. 00	1. 00
2012	5. 10	6. 00
2013	6. 10	5. 50
2014	14. 00	8. 00
2015	18. 00	2. 00
2016	22. 00	10. 00
2017	-0. 10	3. 00
2018	9. 00	4. 00
2019	1. 00	1. 00
2020	3. 30	1. 20
2021	21. 00	12. 00
2022	10. 00	5. 00
2023	5. 00	3. 50

图 13 - 1 A 股票和市场组合的收益率

13.4.1 定义法

（1）在 Excel 中的第 19 行计算 A 股票和市场组合收益率的标准差。

①在单元格 B19 中输入公式 " = STDEVP (B2 : B16) "，计算 A 股票收益率的标准差。

②在单元格 C19 中输入公式 " = STDEVP (C2 : C16) "，计算市场组合收益率的标准差。

（2）在 Excel 中的第 20 行计算 A 股票和市场组合收益率的协方差。

在单元格 B20 中输入公式 " = COVAR (B2 : B16，C2 : C16) "。

（3）在 Excel 中的第 21 行计算 A 股票收益率和市场组合收益率的相关系数。

在单元格 B21 中输入公式 " = B20/ (B19 * C19) "，或者输入公式 " = CORREL (B2 : B16，C2 : C16) "。

（4）在 Excel 中的第 21 行计算 A 股票的 β 系数。

在单元格 B21 中输入公式 " = B20/ (C19^2) "，或公式 " = B21 * B19/C19 "，都可求出 A 股票的 β 系数为 1.79 （保留两位小数），说明它的系统风险是市场组合系统风险的 2 倍。

	A	B	C
1	年度	A股票收益率	市场组合收益率
2	2009	2.20	3.00
3	2010	11.00	5.00
4	2011	-3.00	1.00
5	2012	5.10	6.00
6	2013	6.10	5.50
7	2014	14.00	8.00
8	2015	18.00	2.00
9	2016	22.00	10.00
10	2017	-0.10	3.00
11	2018	9.00	4.00
12	2019	1.00	1.00
13	2020	3.30	1.20
14	2021	21.00	12.00
15	2022	10.00	5.00
16	2023	5.00	3.50
17			
18	1.定义法		
19	标准差	7.42	3.16
20	协方差	17.85	
21	相关系数	0.76	
22	β 系数	1.79	

图 13 - 2　定义法计算 β 系数

13.4.2 回归直线法

点击【数据】选项卡中的【数据分析】选项，使用数据分析工具估计回归参数。如果 Excel 中没有【数据分析】选项，则需要通过整个过程来添加它，操作过程如下。

（1）依次点击【文件】→【选项】→【加载项】，找到并点击【分析工具库】，点击下方的【转到】按钮，弹出【加载宏】对话框，勾选【分析工具库】，点击确定，则可成功添加【数据分析】选项（见图 13-3）。

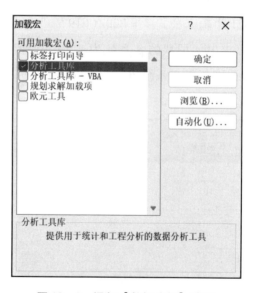

图 13-3 添加【数据分析】选项

（2）点击【数据】选项卡中的【数据分析】选项后，在分析工具中选择【回归】，点击【确定】。

（3）在弹出的【回归】对话框中选择 Y 值输入区域（B2：B16），X 值输入区域（C2：C16），输出选项为了便于显示这里选择【新工作表组】，点击【确定】。同样可以得出 A 股票的 β 系数为 1.79。

SUMMARY OUTPUT								
回归统计								
Multiple R	0.762296							
R Square	0.581095							
Adjusted R Squa	0.548872							
标准误差	5.158968							
观测值	15.000000							
方差分析								
	df	SS	MS	F	Significance F			
回归分析	1.000000	479.955018	479.955018	18.033288	0.000953			
残差	13.000000	345.994315	26.614947					
总计	14.000000	825.949333						
	Coefficients	标准误差	t Stat	P-value	Lower 95%	Upper 95%	下限 95.0%	上限 95.0%
Intercept	-0.081461	2.382444	-0.034192	0.973243	-5.228419	5.065497	-5.228419	5.065497
X Variable 1	1.792335	0.422067	4.246562	0.000953	0.880514	2.704156	0.880514	2.704156

图 13 - 4　回归直线法计算 β 系数

13.4.3　绘制收益的散点图

（1）选中区域（B2：C16），点击【插入】选项卡，在【散点图】中选择【仅带数据标记的散点图】。生成散点图后，发现横坐标为 A 股票收益率，纵坐标为市场组合收益率，为更好反映市场组合收益率对 A 股票收益率的影响，我们可以交换横纵坐标。

（2）右键单击散点图，在菜单中选择【选择数据】，弹出【选择数据源】对话框。点击【编辑】，弹出【编辑数据系列】对话框，在【X 轴系列值】中选择（C2：C16）区域，在【Y 轴系列值】中选择（B2：B16）区域，点击【确定】，在【选择数据源】对话框中再点击【确定】。完成对横纵坐标的交换。

（3）点击散点图，在【布局】选项卡中点击【趋势线】，选择【线性趋势线】，为散点图添加趋势线，如图 13 - 5 所示。

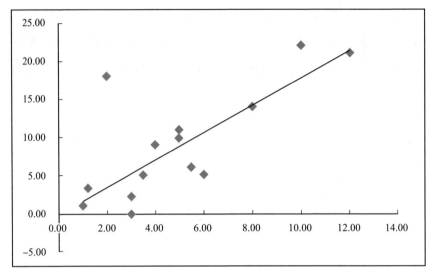

图 13 - 5　绘制散点图

实验 14　股票估值

【学习目标】

本实验你将理解股票估值的原理，掌握普通股股票估值的方法及普通股价值敏感性分析，能够利用 Excel 对普通股进行估值分析，熟练运用所学知识解决学习生活中的实际问题。

【背景】

投资者买入股票是为了获得收益，也就是未来现金流量，它包括股利收入和出售时的售价两个部分。由于货币具有时间价值，未来的收益与今天的购买价格不能直接比较，因此需要通过股价估值模型将股票未来的现金流量折现，将折现后的价格与今天的买价比较判断股票是否值得购买。

14.1　理 论 基 础

股票价值，是指股票预期能够提供的所有未来现金流量的现值。未来现金流量包括股利收入和出售时的售价两个部分。即股票的价值为各年股利的现值合计与售价的现值之和。

股票估值的基本模型为：$V_0 = \sum\limits_{t=1}^{n} \dfrac{D_t}{(1+r_s)^t} + \dfrac{P_n}{(1+r_s)^n}$

事实上，由于股票的特点之一是没有到期日，所以后续讨论中我们假设永久持有该股票，因此在估计股票价值时不再考虑出售时的售价，此时股票的价值就只取决于未来的股利。

公式为：
$$V_0 = \sum_{t=1}^{n} \frac{D_t}{(1+r_s)^t}$$

零增长股票的价值：

零增长股票是指其股利固定不变，此时其支付过程是一个永续年金。

公式为：
$$V_0 = \frac{D}{r_s}$$

固定增长股票的价值：

固定增长股票是指股利持续增长，且其增长率是固定的。

公式为：
$$V_0 = \sum_{t=1}^{n} \frac{D_t}{(1+r_s)^t} = \sum_{t=1}^{n} \frac{D_0 \times (1+g)^t}{(1+r_s)^t}$$

对该公式进行简化处理，即：$V_0 = \dfrac{D_0(1+g)}{r_s-g} = \dfrac{D_1}{r_s-g}$

其中，r_s：股东要求的必要报酬率；D_1：预期下年股利额；V_0：普通股当前价值；g：股利的年增长率。

为了确定必要报酬率 r，分析师通常会使用资本资产定价模型（CAPM）等模型。该模型主要包括无风险利率、Beta 系数和市场风险溢价。

$$必要报酬率 = 无风险利率 + \beta \times 市场风险溢价$$

无风险利率，是指在没有通货膨胀、无风险的情况下资金市场的平均利率。在没有通货膨胀的情况下，短期政府债券的利率可以看作无风险利率。

市场风险溢价，是指投资者预期从市场投资中获得的超过无风险利率的额外收益率。通常情况下，市场风险溢价可以通过历史数据或市场预测进行估算。

Beta 系数，是一种评估证券系统性风险的工具，用以度量一种证券或一个投资证券组合相对于整个股市的价格波动情况。

非固定增长股票的价值：

非固定增长股票是前期高速增长后期稳定增长的股票，是将基本模型与固定增长模型结合在一起估计股票价值的模型。

14.2 普通股估值

普通股估值建立在未来预期现金流现值前提下，然而与债券估值不同的是，普通股积累的现金流通常被认为会随着时间的推移而增加。著名的股票估值模型之一是股利折现模型，在该模型中，未来预期的现金流量假设为股利现金流量。

股利贴现模型（DDM 模型）是一种广泛应用于上市企业价值评估的模型，与自由现金流贴现模型和股权现金流量贴现模型并称"上市公司三大估值模型"。股利贴现模型认为投资目标公司的股票价值应由未来收益的现值来决定。

14.3 小 试 牛 刀

假如你现在计划购买甲公司的普通股股票，已知甲公司本年未分配股利，预计第二年将每股分配 1.5 元的股利，之后股利分配将以每年 7% 的速度增长。如果你每年的要求报酬率为 15%，那么今天你最多愿意花多少钱购买甲公司的股票？

具体操作步骤如下。

（1）新建一个 Excel 表格，准备数据。

①在 A1 单元格中输入 "增长率"，B1 单元格中输入 "7%"，在 A2 单元格中输入 "要求报酬率"，B2 单元格中输入 "15%"。

②分别在 A4 单元格、B4 单元格和 C4 单元格中输入 "时期""股

利""现值"。

③在 A5 单元格内输入 "1"，在 A6 单元格内输入 "2"，用鼠标同时选中这两个单元格，将鼠标放在 A6 单元格右下角，出现黑色"十"时，按住鼠标左键向下拖拽至 A124 单元格。

④在 B5 单元格中输入 "0"，B6 单元格中输入 "1.5"，B7 单元格中输入公式 = B6 * (1 + B$1)，将鼠标放在 B7 单元格右下角，出现黑色"十"时，按住鼠标左键向下拖拽至 B124 单元格。

（2）采用 NPV 函数计算每年股利的现值。

在 C5 单元格中输入公式 = NPV(B$2,B$5:B5)，此时 C 列单元格中显示的就是该股票的价值。例如，C14 单元格中显示的就是考虑前 10 期股利时的价值（见图 14 - 1）。

	A	B	C
1	增长率	7%	
2	必要报酬率	15%	
3			
4	时期	股利	现值
5	1	0.00	￥0.00
6	2	1.50	￥1.13
7	3	1.61	￥2.19
8	4	1.72	￥3.17
9	5	1.84	￥4.09
10	6	1.97	￥4.94
11	7	2.10	￥5.73
12	8	2.25	￥6.46
13	9	2.41	￥7.15
14	10	2.58	￥7.78
15	11	2.76	￥8.38
16	12	2.95	￥8.93
17	13	3.16	￥9.44
18	14	3.38	￥9.92
19	15	3.61	￥10.36
20	16	3.87	￥10.78
21	17	4.14	￥11.16
22	18	4.43	￥11.52
23	19	4.74	￥11.85
24	20	5.07	￥12.16

图 14 - 1　普通股现值

根据期数和现值制作带有平滑曲线的散点图（见图 14 - 2），可以发现，当考虑的股利期数越来越多时，股票的价值会收敛到 16.3 元。因此，我们其实没有必要考虑超过 120 期的股利，因为超过该期数部分股利的现值实际上为 0。

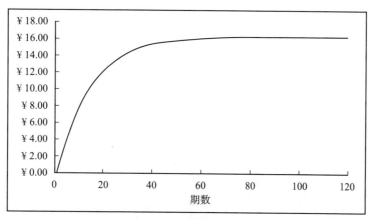

图 14 - 2　股票估值散点图

14.4　敏感性分析

（1）在 Excel 表格中准备数据。

在 A1 单元格中输入 "无风险报酬率"，A2 单元格中输入 "风险报酬率"，B2 单元格中输入 "9%"，A3 单元格中输入 "必要报酬率"，B3 单元格中输入 " = B1 + B2"，A4 单元格中输入 "增长率"，B4 单元格中输入 "7%"。其余操作步骤与上例相同。

（2）更改无风险报酬率。

①更改 B1 单元格中的无风险报酬率，观察股票价格的波动。本

例中将无风险报酬率由 3% 变动至 5.5% ，结果如图 14 – 3 和图 14 – 4 所示。

无风险报酬率	现值
3%	26.67
3.50%	24.18
4%	22.09
4.50%	20.31
5%	18.79
5.50%	17.46

图 14 – 3　无风险报酬率变动对股价的影响

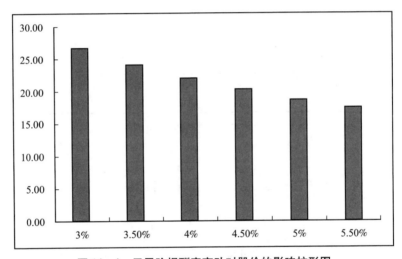

图 14 – 4　无风险报酬率变动对股价的影响柱形图

②更改 B4 单元格中的增长率，观察股票价格的波动。结果如图 14 – 5 和图 14 – 6 所示。

增长率	现值
4%	11.86
5%	13.04
6%	14.49
7%	16.30
8%	18.62
9%	21.70

图 14 – 5　股利增长率变动对股价的影响

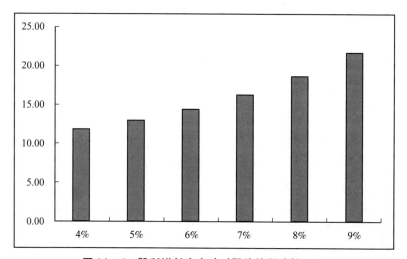

图 14 – 6　股利增长率变动对股价的影响柱形图

14.5　实 战 演 练

　　假设某公司今年支付了每股 1.80 元的股利。公司预计股利将以每年 5% 的速度恒定增长，公司的资本成本或必要回报率 r 为 7%，今天你最多愿意花多少钱购买甲公司的股票？

　　因为 1.80 元的股利是今年支付的，因此需要根据股利增长率计算出明年的股利为 $1.8 \times (1 + 5\%) = 1.89$（元），后续步骤与之前相同，结果如图 14 – 7 和图 14 – 8 所示。

	A	B	C
1	增长率	5%	
2	必要报酬率	7%	
3			
4	时期	股利	现值
5	1	1.80	￥1.68
6	2	1.89	￥3.33
7	3	1.98	￥4.95
8	4	2.08	￥6.54
9	5	2.19	￥8.10
10	6	2.30	￥9.63
11	7	2.41	￥11.14
12	8	2.53	￥12.61
13	9	2.66	￥14.06
14	10	2.79	￥15.48
15	11	2.93	￥16.87
16	12	3.08	￥18.24
17	13	3.23	￥19.58
18	14	3.39	￥20.89
19	15	3.56	￥22.19
20	16	3.74	￥23.45
21	17	3.93	￥24.70
22	18	4.13	￥25.92
23	19	4.33	￥27.11
24	20	4.55	￥28.29

图 14 - 7　普通股现值

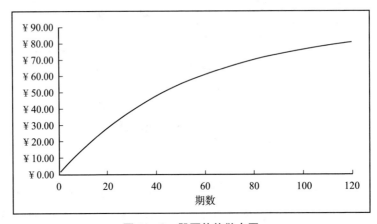

图 14 - 8　股票估值散点图

实验 15　债 券 估 值

【学习目标】

计算不同类型债券的价值，并使用模拟运算表进行敏感性分析。了解债券的价值如何随必要报酬率及债券特征的变化而变化；在给定价格、票面利率、到期日的情况下，运用单变量求解计算债券的到期收益率，并绘制敏感性分析图表。

15.1　理 论 基 础

15.1.1　基本概念

15.1.1.1　债券的定义

债券是一种金融工具，是政府和企业用来筹集长期大额资金的债务工具。债券是发行人保证在约定时间内支付利息，并在到期时偿还本金的一种承诺，通常被称为"固定收益证券"。之所以被称为固定收益证券，是因为债券通常具有固定的票面利率和票面金额，并且向债权人支付利息和归还本金的时间等都是在证券发行时就确定好的。

15.1.1.2　债券的要素

（1）票面金额（面值）：每一单位债券所标明的票面金额，代表将来偿还的债务金额，发行的全部债券面值之和，表明政府或企业借入的债务总额。

（2）票面利率：发行者预计一年内向投资者支付的利息占票面金额的比率。票面利率通常是单利。

（3）到期日：债券终止的时间。

（4）剩余期限：距离到期日的时间。

15.1.1.3　与债券投资的相关概念

（1）必要报酬率：投资人期望可获得的投资收益率，与投资人承担的风险有关。

（2）债券的内在价值：用投资人所要求的必要报酬率计算的债券未来现金流量的现值。

（3）到期收益率：投资人自购买债券起，持有至债券到期（或出售日），所实现的投资收益率。

15.1.2　基本原理

债券作为一种投资，现金流出是其购买价格，现金流入是利息和归还的本金，或者出售时得到的现金。债券的价值或债券的内在价值是指债券未来现金流入量的现值，即债券各期利息收入的现值加上债券到期偿还本金的现值之和。只有债券的内在价值大于购买价格时，才值得购买。

15.1.3　基本公式

15.1.3.1　一年付息一次的债券的估价模型

公式为：　　$PV = \dfrac{I}{(1+r)^1} + \dfrac{I}{(1+r)^2} + \cdots + \dfrac{I+P}{(1+r)^n}$

或：　　　　$PV = I \times PVIFA_{r,n} + P \times PVIF_{r,n}$

其中，PV：债券的价值；P：债券的面值；I：每年支付的利息金额，按【票面利率×票面金额】计算；r：投资者要求的必要收益率；n：从今天起至到期日的期数，与每年的付款次数有关系。

15.1.3.2 一年付息多次的债券的估价模型

公式为：$PV = \dfrac{[I/m]}{(1+r/m)^1} + \dfrac{[I/m]}{(1+r/m)^2} + \cdots + \dfrac{[I/m]+P}{(1+r/m)^{nm}}$

其中，m：每年支付利息的次数；I：每年支付的利息金额，如果债券每年支付 m 次利息，则每期利息支付为（I/m）；r：投资者要求的必要收益率，如果债券每年支付 m 次利息，则每一期的必要报酬率为（r/m）；n：从今天起至到期日的期数，如果债券每年支付 m 次利息，则从今天起至到期日的期数为（nm）。

15.1.3.3 到期一次还本付息的债券的估价模型

此类债券是一种特殊的"零息债券"。其在存续期内不支付利息，所有应计未付利息在债券到期时，与债券票面价值一同偿还给债权人。

公式为：
$$PV = \frac{I * t + P}{(1+r)^n}$$

其中，t：债券总的寿命期数。

15.2 实验技能

PRICE 函数可以计算非整数计息期债券的价值。公式为：

= PRICE(settlement, maturity, rate, yld, redemption, frequency, basis)

其中，settlement：证券成交日，即在发行日之后，投资者购买债券的日期；maturity：到期日；rate：票面利息率；yld：必要报酬率；redemption：债券赎回时，每 100 元面值所能获得的金额；frequency：每年付利息的次数（只有 1、2 或 4 三个选项）；basis：关于 1 个月和 1 年中天数的假设。

在使用 PRICE 函数计算债券价值时，需要注意总共有以下五种可能，任何大于 4 的数值都会返回错误值：

（1）（0 或省略）US（NASD）30/360；

（2）实际天数/实际天数；

（3）实际天数/360；

（4）实际天数/365；

（5）欧盟标准 30/360。

15.3 实 战 演 练

15.3.1 计算债券的价值

在本例中，我们将对面值为 100 元、票面利率 6%、每年付息 2 次的债券进行估值。估值有两个不同的时点，一个距离到期日 2 年；另一个时点为距离到期日 1 年。

步骤 1：设置一个估值区域。

在单元格中输入将面值、票面利率、必要报酬率、到期年数和每年付款次数。如图 15 - 1 所示。

步骤 2：计算投资人各期收到的现金流量，以债券 A 为例。

（1）在 C10 单元格，输入公式 = $B$2 * $B$3/ $B$6。

（2）将该公式复制粘贴到 D10 单元格和 E10 单元格。

（3）对于最后一笔现金流量 F10，要将票面价值 B2 加到利息额中。

步骤 3：使用必要报酬率计算每个时期现金流量的现值。

注意：要根据每年的付款次数调整必要收益率。

	A	B	C	D	E	F
1	假设：	**Bond A**	**Bond B**			
2	面值	¥100.00	¥100.00			
3	票面利率	5.000%	5.000%			
4	必要报酬率	8.000%	8.000%			
5	距离到期日年数	2	1			
6	每年付息次数	2	2			
7						
8	**Bond A:**					
9		N	0	0.5	1.0	1.5	2.0
10	现金流量					
11	复利现值系数					
12	现值					
13	债券价值					
14						
15	**Bond B:**					
16			0	0.5	1.0		
17	现金流量					
18	复利现值系数					
19	现值					
20	债券价值					

图 15-1　估值区域样式

（1）计算复利现值系数。在 C11 单元格，输入公式 = （1 + $B$4/$B$6）^（ - C9 ∗ $B$6）。

（2）计算每笔现金流的现值。在 C12 单元格，输入公式 = C10 ∗ C11。

步骤 4：对现金流现值进行汇总，以获得债券价值。

在 B13 单元格，使用 SUM 函数对所有"现值"求和。

步骤 5：重复以上步骤，获得债券 B 的价值。

15.3.2　利用 PV 函数计算债券的价值

在本例中，我们对两种不同的债券进行估值。两种债券的票面利率均为 5%，但债券 A 的必要报酬率为 8%，债券 B 的必要报酬率为 4%。这两种债券的票面价值都是 100 元，而且在整两年内到期。

请仔细查表格。在这个例子中，我们直接使用 PV 函数计算债券价值。注意：利息支付代表普通年金，因此可以使用参数 PMT 折现，而面值可以使用参数 FV 折现。下面的案例显示了这个估值过程。

【例 15 - 1】用 PV 函数计算以下两只债券的价值（见图 15 - 2）。

	A	B	C
1	假设：	**Bond A**	**Bond B**
2	面值	¥100.00	¥100.00
3	票面利率	5.000%	5.000%
4	必要报酬率	8.000%	4.000%
5	距离到期日年数	2	2
6	每年付息次数	2	2
7			
8	债券价值	¥94.56	¥101.90

图 15 - 2　〖例 15 - 1〗样式

在单元格 B8 中输入公式 = PV（B4/B5，B5 * B6，- B2 * B3/B5，- B2）。

注意：利息额和面值都取负数，为了使结果为正数。

15.3.3　利用 PRICE 函数计算债券的价值

利用 PRICE 函数公式计算债券价值：

= PRICE（settlement，maturity，rate，yld，redemption，frequency，basis）

【例 15 - 2】续〖例 15 - 1〗，求债券在发行 2 个月后的价值（见图 15 - 3）。

	A	B	C
1	假设：	**Bond A**	**Bond B**
2	债券发行日	2018/1/1	2018/1/1
3	债券购买日	2018/3/1	2018/3/1
4	债券到期日	2020/1/1	2020/1/1
5	面值	¥1000.00	¥1000.00
6	票面利率	5.000%	5.000%
7	必要报酬率	8.000%	4.000%
8	每年付息次数	2	2

图 15 - 3　〖例 15 - 2〗样式

在单元格 B8 中输入公式 = PRICE(B3,B4,B6,B7,B5/B5 * 100,B8)/100 * B5。

要点:

(1) 应使用"年/月/日"日期格式,或 DATE 函数来输入日期。例如,输入 2008 年 5 月 23 日,应使用格式"2018/5/23",或 DATE(2008,5,23)。如果日期以其他格式输入,则可能会出现问题。

(2) 因为 PRICE 函数是按 100 元面值计算的债券价值,凡是面值不等于 100 元的,首先将参数 redemption 转为 100 元(面值/面值 × 100);其次将 price 函数结果除以 100;最后乘以面值,才能换算成准确的结果。

15.3.4　计算债券价值对必要报酬率的敏感性

使用模拟运算表进行敏感性分析。在 Sheet1 中,构建模拟分析区域,以重新计算到期收益率为 1%、2%、3%……10%的债券 A 和债券 B 的价值。

债权人要求的必要报酬率受风险变化的影响,因此债券的内在价值不是一成不变的,随投资人要求的必要报酬率变化而变化(见图 15 - 4)。

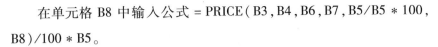

	必要报酬率	Bond A价值	价值变化百分比		必要报酬率	Bond B价值	价值变化百分比
23							
24							
25	1%				1%		
26	2%				2%		
27	3%				3%		
28	4%				4%		
29	5%				5%		
30	6%				6%		
31	7%				7%		
32	8%				8%		
33	9%				9%		
34	10%				10%		

图 15 - 4　模拟分析区域样式

模拟运算分析步骤（略）。

为了更容易在图表上显示利率风险，计算每个不同必要报酬率情况下债券价值变化的百分比。在〖例 15 - 1〗中，债券价值为 94.56元。如果必要报酬率变化为 1%，则债券价值为 107.90 元。在107.90 右下方的单元格 D26 中，输入公式 = C26/C25 - 1，用来计算价值变化百分比。重复以上操作，对债券 B 进行分析。

绘制两个数据表的结果的折现图。首先，x 轴包含到期收益率，y 轴包含每个债券（即债券 A 和债券 B）的基本情况下债券价值变化的百分比；其次，两种债券对利率变化的敏感度应绘制在同一张图表上；最后为图表添加标题和图例。

在之前的债券估值实践中，你会发现长期债券的利率风险高于短期债券。原因可以归结为，如果利率上升而短期债券持有人在短期债券到期时能够以更高的利率进行再投资，那么你持有的长期债券就会被困在一个低票面利率的债券上。

【作业】1. 计算以下两只债券的价值（见图 15 - 5）。

	A	B	C
1	假设：	Bond A	Bond B
2	面值	¥100.00	¥100.00
3	票面利率	6.000%	6.000%
4	必要报酬率	3.000%	3.000%
5	距离到期日年数	8	4
6	每年付息次数	2	2

图 15 - 5　两只债券的价值

2. 计算以下两只债券（期末一次性还本付息的债券）的价值（见图 15 - 6）。

	A	B	C
1	假设:	**Bond A**	**Bond B**
2	面值	¥100.00	¥100.00
3	票面利率	6.000%	6.000%
4	必要报酬率	3.000%	3.000%
5	距离到期日年数	16	4
6	注：期末一次性还本付息		

图 15 - 6　两只债券的价值（期末一次性还本付息的债券）的价值

3. 分析：（1）债券的价值如何随着市场条件的变化而变化。

（2）债券价值的变化程度与债券本身的特点或条款有什么关系。

实验 16　债券收益率

【学习目标】

计算不同类型债券的价值，并使用模拟运算表进行敏感性分析。了解债券的价值如何随必要报酬率及债券特征的变化而变化；在给定价格、票面利率、到期日的情况下，运用单变量求解计算债券的到期收益率。绘制敏感性分析图表。

16.1　理　论　基　础

16.1.1　基本概念

债券收益率是投资于债券上每年产生的收益总额与投资本金总量之间的比率。决定债券收益率的要素主要有三个：利率、期限、购买价格。这三个要素的变动决定了债券收益率的高低。一般来说，债券给投资者带来的收入有以下三种：（1）按债券的既定利率计算的利息收入。（2）认购价格与偿还价格（票面价格）之间的差益差损。（3）将所得利息和差益差损等再投资的收益。按照这三种不同的收入分别计算收益率，可分为直接收益率、单利最终收益率和复利最终收益率，直接收益率是按既定利率计算的年利息收入与投资本金的比率。

16.1.2 基本原理

债券收益率的基本原理是，投资者可以通过持有债券而获得利息，这种利息是作为债券购买价格和到期价格之间的差额，称为债券收益。因此，债券收益率表示投资者投资债券所获得的收益究竟有多大，是投资者从该投资中获得利润率的金融衡量标准。其计算原理是现值理论，即根据债券的未来收益和当前市场价格推算债券的到期收益率。

16.1.3 基本公式

到期收益率（yield to maturity，YTM）是使未来现金流量现值等于当前价格的利率。

公式为：

$$PV = \frac{I}{(1 + YTM)^1} + \frac{I}{(1 + YTM)^2} + \cdots + \frac{I + P}{(1 + YTM)^n}$$

其中，PV：债券的购买价格；P：债券的面值或出售的价格；I：每年支付的利息金额。

16.2　实验技能

YIELD 函数可以计算非整数计息期的到期收益率。公式为：

= YIELD（settlement，maturity，rate，pr，redemption，frequency，basis）

其中，settlement：债券的结算日期，即购买债券的日期；maturity：债券的到期日期；rate：债券的年息票利率；pr：债券的发行价格；redemption：债券的赎回价值；frequency：债券的付息频率，如年付息、半年付息等；Basis：可选参数，用于指定日计数基准。

在使用 YIELD 函数计算债券的收益率时，需要注意以下三点。

（1）确保输入的日期格式正确，可使用日期函数将日期转换为 Excel 可识别的格式。

（2）正确理解和使用其他参数，如赎回价值和付息频率。

（3）结果的精度取决于所使用的参数和选择的计算方法，可以通过更改计算方法来获得更精确的结果。

16.3　小试牛刀

通过一个示例演示如何使用 YIELD 函数计算债券的收益率。

假设有一张债券，发行价格为 100 元，到期日为 2023 年 1 月 1 日，年息票利率为 5%，付息频率为一年一次。计算在 2022 年 7 月 1 日购买这张债券时的收益率。

在 Excel 中，输入以下公式：

YELD（"2022/7/1"，"2023/1/1"，0.05，100，100，1）

按回车键后，Excel 将计算并显示债券的收益率。

16.4　实战演练

16.4.1　计算债券的到期收益率

假设投资人分别以 80 元、90 元、102 元等不同的金融买入债券 A，要求计算投资人持有至到期，所获得的债券收益率（见图 16-1）。

▲	A	B	C	D	E	F
1	假设	**Bond A**	**Bond B**			
2	面值	¥100.00	¥100.00			
3	票面利率	5.00%	5.00%			
4	到期收益率	8.00%	8.00%			
5	距离到期日年数	2	1			
6	每年付息次数	2	2			
7						
8	Bond A:					
9	N	0	0.5	1	1.5	2.0
10	现金流量		¥2.50	¥2.50	¥2.50	¥102.50
11	复利现值系数		0.9615	0.9624	0.8890	0.8548
12	限制		¥2.40	¥2.31	¥2.22	¥87.62
13	债券价值	¥94.56				

图 16-1　例题样式

步骤 1：使用单变量求解，确定 YTM。

（1）将 Sheet1 复制到 Sheet2 中。

（2）将 A4 单元格中的"必要报酬率"改成"到期收益率"。

（3）在 Sheet2 中，点击 B13 单元格。

（4）点击功能区上的【数据】【模拟分析】【单变量求解】。

（5）在"目标单元格"数值框中，输入债券 A 价值所在的单元格 B13。

（6）在"目标值"对话框中，输入债券购买价格的数字，如80元。

（7）在"可变单元格"对话框中，点击单元格 B4（代表收益率）。

（8）点击"确定"，然后再次点击"确定"，确保单变量求解找到解决方案。如果没有找到解决办法，那么说明在计算债券价值时出错了。

（9）重复债券 B 的单变量求解程序。

步骤 2：使用规划求解，确定 YTM。

（1）检查规划求解是否添加到 Excel 中。

（2）点击功能区上的【文件】。

（3）在显示的菜单底部，点击【选项】。

（4）点击【加载项】链接。

（5）在下一个对话框的底部，选择【管理】旁边的【Excel 加载项】，然后点击【转到】。

（6）选中【规划求解外接程序】复选框并点击【确定】。在进行分析时，也要勾选【分析工具包】复选框。在以后的练习中可能需要用到它。

（7）点击【确定】即可完成。

（8）点击功能区上的【数据】【模拟分析】【规划求解】。

（9）对于【设置目标单元格】，选择单元格 B13，债券 A 的债券价值。

（10）【目标值】框中输入上述假设的债券价值。

（11）在【可变单元格】框中，选择债券 A 的到期收益率（债券 A 的单元格 B4）。

（12）点击【求解】。

（13）求解者应找到解决方案。点击【确定】保存解决方案。

（14）为债券 B 重复此过程。

单变量求解，只能通过调整一个变量，而求得指定结果。规划求解可以解决多个变量的问题，可以用来解决线性规划与非线性规划优化问题。

16.4.2 利用 YIELD 函数计算债券的收益率

利用 YIELD 函数公式计算债券收益率：

＝YIELD（settlement，maturity，rate，pr，redemption，freqyency，basis）

其中，pr：以 100 元为基准，换算出的债券购买价格（见图 16 - 2）。

	A	B	C
1	假设：	**Bond A**	**Bond B**
2	债券发行日	2018/1/1	2018/1/1
3	债券购买日	2018/3/1	2018/3/1
4	债券购买价格	¥950.00	¥950.00
5	债券到期日	2020/1/1	2020/1/1
6	面值	¥1000.00	¥1000.00
7	票面利率	5.000%	5.000%
8	必要报酬率	8.000%	4.000%
9	每年付息次数	2	2
10			
11	到期收益率		

图 16 - 2 例题样式

在单元格 B11 中，输入公式 = YIELD(B3, B5, B7, B4/B6 * 100, B6/B6 * 100, B9)。

注：RATE 函数也可以计算到期收益率，但只适用于剩余时间为整数计息期。

【作业】1. 在假设的购买价格下，计算债券的到期收益率（见图 16 - 3）。

	A	B	C
1	假设	Bond A	Bond B
2	面值	¥100.00	¥100.00
3	票面利率	6.00%	6.00%
4	到期收益率	3.00%	3.00%
5	距离到期日年数	8	4
6	每年付息次数	2	2

图 16 - 3 计算债券到期收益率

2. 自行设定一些可能的购买价格，选择适当的方法计算债券到期收益率（见图 16 - 4）。

	A	B	C
1	假设：	Bond A	Bond B
2	面值	¥100.00	¥100.00
3	票面利率	6.000%	6.000%
4	必要报酬率	3.000%	3.000%
5	距离到期日年数	16	4
6	注：期末一次性还本付息		

图 16 – 4　计算债券到期收益率

3. 某公司 2016 年 1 月 1 日发行债券，要求：（1）某投资人拟在 2016 年 3 月 1 日购入，计算当天该债券的内在价值。（2）若投资人实际购买价格分别为 800 元、850 元、960 元，计算各个价格对应的到期收益率（见图 16 – 5）。

	A	B
1	债券的估价	
2	实际转手日	2016/3/1
3	到期日	2036/1/1
4	票面利率	8%
5	必要报酬率	9%
6	一年付息频次	2
7	面值	1000
8	天数计算标准	0

图 16 – 5　债券的估价

模块五　Excel 在固定资产投资决策中的应用

实验 17　折　　旧

【学习目标】

在本实验中，将采用三种方式对资产进行折旧：（1）采用直线法折旧，运用 Excel 中的 SLN 函数；（2）采用双倍余额递减法进行折旧，运用 DDB 函数；（3）采用年数总和法进行折旧，运用 SYD 函数。

【背景】

在企业经营过程中，公司进行财务核算会用到资产折旧，企业项目投资决策也会用到折旧方法，不同折旧方法有不同的特点，因此学习运用 Excel 中的函数计算折旧更方便。

17.1　理　论　基　础

17.1.1　基本概念

折旧是指固定资产价值在使用过程中逐渐减少的过程。为了使企业在长期使用后仍然能够保持一定的财务状况，需要在每个会计期间对固定资产的价值下降进行补偿，它是通过对固定资产的原值在其预计使用年限内均匀分摊到每年的折旧费用来进行的。

17.1.2　基本原理

固定资产折旧是指固定资产在使用的过程中，由于逐渐损耗而被转移到商品或者费用中。

17.1.3　基本公式

（1）直线法：

年折旧率 =（1 - 预计净残值）/预计使用年限 ×100%

年折旧额 = 固定资产原值 × 年折旧率

（2）双倍余额递减法：

年折旧率 =2/折旧年限 ×100%

年折旧额 = 固定资产账面价值 × 年折旧率

（3）年数总和法：

年折旧率 = 尚可使用年限/预计使用寿命的年数总和 ×100%

年折旧额 =（固定资产原值 - 预计净残值）× 年折旧率

17.2　实　验　技　能

17.2.1　直线法——SLN 函数

SLN 函数的功能是计算一项资产每期的直线折旧额。公式为：

= SLN(cost, salvage, life)

其中，cost：资产原值；

Salvage：资产残值；

Life：折旧期限（资产寿命）。

17.2.2　双倍余额递减法——DDB 函数

DDB 函数的功能是使用双倍余额递减法或其他指定方法，计算一项资产在指定期间的折旧额。公式为：

$$= DDB(cost,\ salvage,\ life,\ period,\ factor)$$

其中，cost：资产原值；

　　　Salvage：资产残值；

　　　Life：折旧期限（资产寿命）；

　　　Period：需要计算折旧额的期间；

　　　factor：余额递减速率。如果忽略的话则假设为 2（双倍余额递减法）。

17.2.3　年数总和法——SYD 函数

SYD 函数的功能是计算一项资产按年数总和法在指定期间的折旧额。公式为：

$$= SYD(cost,\ salvage,\ life,\ per)$$

其中，cost：资产原值；

　　　Salvage：资产残值；

　　　Life：折旧期限（资产寿命）；

　　　Per：需要计算折旧额的期间。

17.3 小试牛刀

（1）某公司购买一辆价值 10 万元的卡车，预计使用 10 年，残值 3000 元，用直线法求得每年的折旧额为多少元？

$$SLN(100000, 3000, 10) = 9700（元）$$

（2）某工厂新买了一台设备，价值 40000 元，预计使用 10 年，预计残值 2000 元。用双倍余额递减法求得折旧额为多少元？

DDB(40000, 2000, 3650, 1) = 21.92（元），即第 1 天的折旧值。

DDB(40000, 2000, 120, 1) = 666.67（元），即第 1 个月的折旧值。

DDB(40000, 2000, 10, 1) = 8000（元），即第 1 年的折旧值。

DDB(40000, 2000, 10, 1, 1.5) = 6000（元），即第 1 年的折旧值，这里不是双倍余额递减法，而是 1.5 倍。

（3）某工厂新买了一台设备，价值 40000 元，预计使用 10 年，预计残值 2000 元。则有：

第一年的折旧额 SYD = (40000, 2000, 10, 1) = 6909（元）

第十年的折旧额 SYD = (40000, 2000, 10, 10) = 690.9（元）

17.4 实战演练

17.4.1 案例简介

某工厂新买了一台设备，价值 100000 元，预计使用 6 年，预计残值 4000 元。要求用直线法、双倍余额递减法和年数总和法计算各年应提取的折旧。

17.4.2　操作步骤

（1）直线法：每年的折旧额为 SLN（100000，4000，6）= 16000（元）

直线法折旧如图 17 - 1 所示。

图 17 - 1　直线法折旧

（2）双倍余额递减法：第一年折旧额为 DDB（100000，4000，6，1）= 33333.33（元）

第二年折旧额为 DDB（100000，4000，6，2）= 22222.22（元）

第三年折旧额为 DDB（100000，4000，6，3）= 14814.81（元）

第四年折旧额为 DDB（100000，4000，6，4）= 9876.54（元）

会计细则中规定最后两年的折旧必须转为直线折旧，也就是说在本题中，第五年和第六年的折旧额为：

$(100000 - 33333.33 - 22222.22 - 14814.81 - 9876.54 - 4000)/2 = 7876.54$（元）

双倍余额递减法如图 17 - 2 所示。

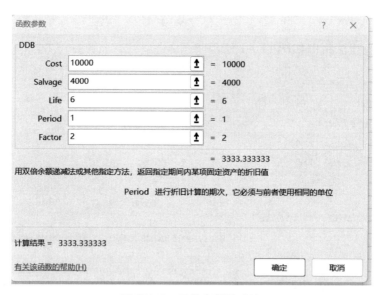

图 17 - 2　双倍余额递减法

（3）年数总和法：第一年折旧额为 SYD =（100000，4000，6，1）= 27428.57（元）

第二年折旧额为 SYD =（100000，4000，6，2）= 22857.14（元）

第三年折旧额为 SYD =（100000，4000，6，3）= 18285.71（元）

第四年折旧额为 SYD =（100000，4000，6，4）= 13714.29（元）

年数总和法如图 17 - 3 所示。

图 17 − 3　年数总和法

【作业】

某工厂新买了一台设备，价值 300000 元，预计使用 10 年，预计残值 6000 元。要求用直线法、双倍余额递减法和年数总和法计算各年应提取的折旧。

【答案】

直线法：29400。

双倍余额递减法：60000、48000、38400、30720、24576、19660. 8、15728. 64、12582. 912、25195. 824、25195. 824。

年数总和法：53454. 54、48109. 09、42763. 63、37418. 18、32072. 72、26727. 27、21381. 82、16036. 36、10690. 92、5345. 45。

实验 18　项目投资决策

【学习目标】

本实验将学习以下内容：（1）掌握现金净流量、各种贴现与非贴现指标的含义及计算方法；（2）掌握项目投资决策评价指标的应用，包括净现值法、获利指数、内含报酬率、投资回收期并能做出项目投资决策；（3）掌握互斥项目可行性的评价方法，包括投资额不同的互斥项目和寿命期不同的互斥项目。

【背景】

项目投资决策是财务管理中的重要一部分，项目投资决策的方式包括净现值法、获利指数、内含报酬率、投资回收期等方法，通常情况下计算这些指标比较烦琐，因此学习 Excel 中函数计算更为方便。

18.1　理 论 基 础

18.1.1　基本概念

（1）项目计算期是指从投资建设开始到最终清理结束整个过程持续的时间。完整的项目计算期包括建设期和生产经营期。第一年初称为建设起点，建设期末称为投产日，经营期最后一年末称为终结点。

（2）时点指标假设包括投资支出假设、垫支的营运资金假设和经营活动产生的各项收入和支出假设。其中，投资支出假设在建设期内各年初发生。垫支的营运资金假设在投产日发生。经营活动产生的各项收入和支出假设在经营期各期期末发生。

18.1.2　基本原理

投资收益率应大于等于企业的资本成本率。

18.1.3　基本公式

【例 18 - 1】某项目建设期两年，第一年初需要固定资产投资 50 万元，第二年初需要固定资产投资 750 万元，第二年末需营运资金投资 250 万元。经营期为 10 年，固定资产按直线法提折旧，预计残值 50 万元。投产后每年取得销售收入 1000 万元，每年花费付现成本 760 万元，所得税税率为 25% 。则有：

$NCF_0 = -50$ 万元

$NCF_1 = -750$ 万元

$NCF_2 = -250$ 万元

折旧 $= (50 + 750 - 50)/10 = 75$ （万元）

$NCF_{3-11} = 1000 \times (1 - 25\%) - 760 \times (1 - 25\%) + 75 \times 25\% = 198.75$ （万元）

$NCF_{12} = NCF_{11} + 250 = 198.75 + 250 + 50 = 498.75$ （万元）

现金流量包括现金流入量、现金流出量和现金净流量。

（1）建设期现金净流量 = - 该年发生的原始投资额

（2）经营期现金净流量 = 净利润 + 折旧

　　　　　　　　　　 = 收入 × (1 - 所得税税率) - 付现成本 × (1 - 所得税税率) + 折旧 × 所得税税率

（3）终结点现金净流量 = 经营期现金净流量 + 残值 + 收回垫支的营运资金。

18.2　实　验　技　能

18.2.1　项目投资决策方法

18.2.1.1　净现值——NPV 函数

公式为：
$$NPV = \sum_{k=0}^{n} \frac{NCF_k}{(1-i)^k}$$

NPV 函数的功能是计算一项投资的净现值。公式为：
$$= NPV(rate，value1，value2，\cdots)$$

其中，rate：各期贴现率；value1，value2，⋯分别代表 1 ~ 29 笔现金净流量的参数值（一定保证按现金流量的正确顺序输入）。

注意：NPV 函数假设现金流量均发生在各期的期末，所以第 1 年初的投资也被视为第 0 年末的投资，这样计算出的 NPV 就是在第 0 年初的净现值，因此还要再往后复利一次，即乘以（1 + i）。还可以用第二种方法，将第 1 ~ 第 n 年所有的现金净流量作为 value 值进行计算，最后再加上第 0 年的现金净流量。

18.2.1.2　获利指数

获利指数是未来现金流入现值与现金流出现值的比率，即：
$$PI = \sum_{k=0}^{n} \frac{I_k}{(1+i)^k} \div \sum_{k=0}^{n} \frac{O_k}{(1+i)^k}$$

18.2.1.3　内含报酬率和修正的内含报酬

（1）内含报酬率——IRR 函数，即：

$$\sum_{k=0}^{n} \frac{NCF_k}{(1+IRR)^k} = 0$$

意义：在项目终了时，以这样的收益率，恰好把投资全部收回来。能反映项目对贷款利率的最大偿还能力。

IRR 函数的公式为：

$$= IRR(values, guess)$$

其中，values：单元格的引用，包含用来计算内含收益率的数字（必须包含至少一个正值和一个负值）。

guess：对 IRR 计算结果的估计值。在大多数情况下，并不需要提供这个参数。

此外，如果当项目仅在期初一次性投资，而以后各年现金净流量都相等时，可以使用 rate 函数更简便地求出内含报酬率。

注意：当投资项目为非常规型（各年现金净流量符号多次变化），内涵收益率可能无解，此时需要使用修正的内含收益率。

（2）修正的内含报酬率——MIRR 函数。

传统的内含收益率存在三个缺陷：第一，项目寿命期内产生的现金流量在以后年限的投资收益率还是内部收益率本身，这是不现实的；第二，当两个项目的规模不同或现金流入时间不一致，则用内含报酬率评价项目得出的结果可能与净现值相矛盾；第三，当投资项目为非常规型（各年现金净流量符号多次变化），内含收益率可能无解，或者有多个解。这时需要使用修正的内含收益率来对项目进行评价。公式为：

$$\sum_{t=0}^{n} \frac{CO_t}{(1+K)^t} = \frac{1}{(1+MIRR)^n} \sum_{t=0}^{n} CI_t \times (1+i)^{n-1}$$

其中，K：投入资金的资本成本率；i：再投资收益率；n：项目的寿命期；MIRR：修正的内含收益率。

MIRR 函数的公式为：

$$= \text{MIRR}(\text{values}, \text{finance\_rate}, \text{reinvest\_rate})$$

其中，values：单元格的引用，包含用来计算内含收益率的数字（必须包含至少一个正值和一个负值）；

finance_rate：投入资金的资本成本率；

reinvest_rate：各期现金净流量再投资的收益率。

18.2.1.4　静态投资回收期和动态投资回收期

（1）静态投资回收期，是指收回原始投资所需要的时间。公式为：

$$\sum_{t=0}^{P} \text{NCF}_t = 0$$

其中，P：静态投资回收期。

（2）动态投资回收期，是指考虑了货币时间价值因素后收回原始投资所需要的时间，即使净现值为 0 的年限。公式为：

$$\sum_{t=0}^{TP} \frac{\text{NCF}_t}{(1+i)^t} = 0$$

其中，TP：动态投资回收期。

（3）VLOOKUP 函数。公式为：

$$= \text{VLOOKUP}(\text{lookup\_value}, \text{table\_array}, \text{col\_index\_num})$$

其中，lookup_value：要查找的数值；

table_array：表格（数据区）；

col_index_num：指定的列号。

18.2.2　互斥项目可行性评价方法

18.2.2.1　投资额不同的互斥项目

对于互斥项目的比较与优选问题，应选择净现值法进行评价，因为净现值符合企业价值最大化的原则。

【例 18 - 2】 某企业有四个互斥投资项目，有关资料如图 18 - 1 所示，若资本成本率为 10% ，则该企业应选择哪个方案？

	A	B	C	D	E
1			互斥项目评价		
2	方案	A	B	C	D
3	初始投资	200	275	190	350
4	年现金净流量	22	35	20	42
5	寿命期	30	30	30	30
6	净现值	7.39	54.94	-1.46	45.93
7	选择方案	B			

图 18 - 1　〖例 18 - 2〗资料

在单元格 B7 中输入公式 " = INDEX(B2：E2 , MATCH(MAX(B6：E6) , B6：E6 , 0)) " 。

MATCH 函数的功能是返回与指定数值匹配的表格（数据区）中元素的相应位置。公式为：

= MATCH(lookup_value , lookup_array , match_type)

其中， lookup_value：需要查找的数值；

lookup_array：需要查找的区域；

match_type：数字 - 1 , 0 , 1 。

INDEX 函数的功能是返回表格（数据区）的数值或对数值的引用。公式为：

= INDEX(array , row_num , col_num)

其中， array：单元格区域；

row_num：指定的行号；

col_num：指定的列号。

注意：如果单元格只包含一行或一列，则后两个参数为可选。

18. 2. 2. 2　寿命期不等的互斥项目

在几个项目寿命期不等的情况下，不能根据各个项目的净现值进行排序。有两种方法可以解决这个问题：一是更新链法；二是净年值法。

【例 18 - 3】 某企业有两个互斥投资项目，有关资料如图 18 - 2 所示，若资本成本率为 12%，则该企业应选择哪个方案？

	A	B	C	D
1	互斥项目评价			
2	方案	A	B	资金成本
3	初始投资	200	600	12%
4	年现金净流量	85	195	
5	寿命期	6	10	
6	净年值	￥ 133.65	￥ 301.19	
7	选择方案	B		

图 18 - 2 〖例 18 - 3〗 资料

在单元格 B6 中输入公式 "= B4 - PMT($D$3, B5, B3)"，并拖至 C6。

在单元格 B7 中输入公式 "= IF(B6 > C6, "A", "B")"。

18.3 实 战 演 练

18.3.1 案例简介

某项目需固定资产投资 1500 万元，建设期 2 年，经营期 10 年。第 1 年初和第 2 年初分别投资 1000 万元和 500 万元，第二年末需营运资金投资 250 万元，经营期每年的销售收入 1200 万元，每年付现成本 700 万元，直线法提折旧，不考虑残值，所得税税率为 33%，贴现率为10%。要求计算净现值、获利指数、内含报酬率和动态投资回收期。假设资本成本率为25%，再投资收益率为12%。

18.3.2　操作步骤

（1）求各期现金净流量：

$NCF_0 = -1000$ 万元

$NCF_1 = -500$ 万元

$NCF_2 = -250$ 万元

折旧 $= 1500/10 = 150$（万元）

$NCF_{3-11} = 1200 \times (1 - 33\%) - 700 \times (1 - 33\%) + 150 \times 33\% = 384.5$（万元）

$NCF_{12} = NCF_{11} + 250 = 384.5 + 250 = 634.5$（万元）

（2）计算净现值。

①将各期现金净流量输入 Excel 工作表中；

②在指定直接输入公式 "= NPV（10%，C2:N2）+ B2"。

净现值式样如图 18 - 3 所示。

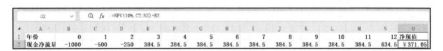

图 18 - 3　净现值式样

（3）计算获利指数。

在需要的单元格输入公式：

"= NPV（10%，E2:N2）/（1 + 10%）^2/ABS（NPV（10%，C2:D2）+ B2）"

获利指数式样如图 18 - 4 所示。

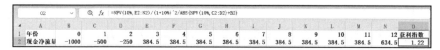

图 18 - 4　获利指数式样

（4）计算内含报酬率。

①内含报酬率。

在需要计算的单元格中输入公式 " = IRR(B2 : N2) "

内含报酬率式样如图 18 - 5 所示。

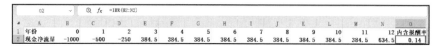

图 18 - 5　内含报酬率式样

②修正的内含报酬率。

在需要单元格中输入公式 " = MIRR(B2 : N2,25% ,12%) "

修正的内含报酬率式样如图 18 - 6 所示。

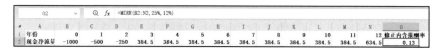

图 18 - 6　修正的内含报酬率式样

（5）计算动态回收期。

①在 C3：C15 单元格输入现金净流量现值计算公式。

②在 D3：D15 单元格中计算现金净流量累计现值。

③在 D16 单元格中输入现金净流量累计现值开始为正的年份：
" = COUNTIF(D3 : D15," < = O") "

④在 D17 单元格中输入动态投资回收期计算公式：" = D16 - 1 + ABS

$(VLOOKUP(D16-1,A3:D15,4)/VLOOKUP(D14,A3:D15,3))$"

动态回收期式样如图 18 -7 所示。

▲	A	B	C	D
1		动态投资回收期计算表		
2	年份	现金净流量	现金净流量现值	累计现值
3	0	-1000	-1000	-1000
4	1	-500	-454.5454545	-1454.545455
5	2	-250	-206.6115702	-1661.157025
6	3	384.5	288.8805409	-1372.276484
7	4	384.5	262.6186736	-1109.65781
8	5	384.5	238.7442487	-870.9135615
9	6	384.5	217.0402261	-653.8733354
10	7	384.5	197.3092965	-456.564039
11	8	384.5	179.3720877	-277.1919513
12	9	384.5	163.0655343	-114.126417
13	10	384.5	148.2413948	34.11497776
14	11	384.5	134.7649044	168.8798821
15	12	634.5	202.1712538	371.051136
16	累计现金净流量开始为正的年份			10
17	动态投资回收期			9.769868748

图 18 -7 动态回收期式样

【作业】

旺财的企业正考虑是否更新设备,有关资料如图 18 -8 所示,若资本成本率为 10%,所得税税率为 40%,则该企业是否进行更新?

	A	B	C	D
1	项目	旧设备	新设备	
2	原值	50000	80000	
3	已使用年限	5	0	
4	预计使用年限	10	5	
5	年销售收入(元)	70000	110000	
6	年付现成本(元)	40000	55000	
7	目前变现价值	25000	80000	
8	残值	0	12000	
9		决策分析		
10	项目	旧设备	新设备	差额
11	建设期投资支出			
12	经营期年现金净流量			
13	期末残值			
14	净现值			
15	结论			

图 18 -8 样图

【答案】

因为更换新设备相比较使用旧设备的净现值大于 0，意味着节约的成本大于追加的投资，所以应该更新新设备（见图 18 - 9、图 18 - 10）。

▲	A	B	C	D	E
1	项目	旧设备	新设备	资本成本率	10%
2	原值	50000	80000	所得税率	40%
3	已使用年限	5	0		
4	预计使用年限	10	5		
5	年销售收入(元)	70000	110000		
6	年付现成本(元)	40000	55000		
7	目前变现价值	25000	80000		
8	残值	0	12000		
9			决策分析		
10	项目	旧设备	新设备	差额	
11	建设期投资支出	￥25000.00	￥80000.00	￥55000.00	
12	经营期年现金净流量	￥75815.74	￥145717.84	￥69902.10	
13	期末残值	￥0.00	￥7451.06	￥7451.06	
14	净现值	￥50815.74	￥73168.90	￥22353.16	
15	结论	新设备			

图 18 - 9　更换设备决策分析

▲	F	G	H	I	J	K	L
1	旧设备	0	1	2	3	4	5
2	现金流出	25000					
3	营业收入		70000	70000	70000	70000	70000
4	付现成本		40000	40000	40000	40000	40000
5	折旧		5000	5000	5000	5000	5000
6	营业利润		25000	25000	25000	25000	25000
7	所得税		10000	10000	10000	10000	10000
8	净利润		15000	15000	15000	15000	15000
9	营业现金流入		20000	20000	20000	20000	20000
10	现金流入现值			￥75815.74				
11	净现值			￥50815.74				
12								
13	新设备	0	1	2	3	4	5
14	现金流出	80000					
15	营业收入		110000	110000	110000	110000	110000
16	付现成本		55000	55000	55000	55000	55000
17	折旧		13600	13600	13600	13600	13600
18	营业利润		41400	41400	41400	41400	41400
19	所得税		16560	16560	16560	16560	16560
20	净利润		24840	24840	24840	24840	24840
21	营业现金流入		38440	38440	38440	38440	38440
22	现金流入现值			￥145717.84				
23	净现值			￥73168.90				

图 18 - 10　净现值

模块六　Excel 在营运资金
管理决策中的应用

实验 19　应收账款账龄分析

【学习目标】

本实验将学习有关应收账款的知识：（1）理解应收账款的概念并掌握运用相关函数；（2）计算应收账款到期日；（3）编制应收账款账龄分析表；（4）分客户进行应收账款账龄分析；（5）应收账款漏斗图的绘制。

【背景】

应收账款账龄是应收账款已发生的时间长度。用以判断企业应收账款的总体质量以及不同客户的信用状况，为企业决定赊销政策提供依据。不同客户应收账款发生时间的长短反映不同客户信用状况。时间越长，发生坏账的可能性越大。

19.1　理论基础

应收账款管理是企业财务管理中的重要内容，同时也是企业流动资产管理中的一个重要组成部分。为了加强应收账款的管理和提高应收账款的周转速度，企业应该对应收账款进行分析，主要包括逾期应收账款的分析和应收账款账龄的分析。账龄是分析应收账款时最为重要的信息，它是指企业尚未收回的应收账款的时间长度。由于应收账款属于流动资产，因此，所有账龄在 1 年以上的应收账款都会给公司运营造成负面影响。对应收账款账龄分析，可以查看企业尚未收回的款项、逾期的长短，以及逾期不同期限应收账款的比重。

19.2 实验技能

（1）SUM 函数是计算单元格区域中所有数值的和。

（2）IF 函数是判断是否满足某个条件，如果满足返回一个值，如果不满足则返回另一个值。

（3）SUMIF 函数是对满足条件的单元格求和。

19.3 实战演练

19.3.1 案例简介

××公司应收账款信息如表 19－1 所示，要求：对××公司应收账款进行账龄分析。

表 19－1 　　　　　　　　　××公司应收账款资料

客户名称	应收账款金额（元）	开票日期	已收款金额（元）	付款期限（天）
A	254630.00	2020－02－25	150000.00	60
B	86590.00	2020－03－10	50000.00	60
C	203980.00	2020－03－25	80000.00	120
D	632540.00	2020－04－03	500000.00	180
E	56850.00	2020－04－18	30000.00	120
F	65930.00	2020－04－26	0.00	180

客户名称	应收账款金额（元）	开票日期	已收款金额（元）	付款期限（天）
G	82660.00	2020 - 05 - 03	0.00	120
A	153680.00	2020 - 05 - 16	30000.00	120
C	17890.00	2020 - 05 - 30	0.00	90
A	156460.00	2020 - 06 - 02	100000.00	120
B	52360.00	2020 - 06 - 17	0.00	120
E	102710.00	2020 - 06 - 25	50000.00	120
C	436520.00	2020 - 07 - 07	0.00	60
D	76830.00	2020 - 07 - 16	40000.00	60
A	36520.00	2020 - 08 - 06	0.00	60
B	33400.00	2020 - 08 - 24	0.00	90
G	65850.00	2020 - 09 - 15	0.00	60
B	53710.00	2020 - 10 - 10	0.00	30
C	134200.00	2020 - 11 - 23	100000.00	60
F	88650.00	2020 - 12 - 06	0.00	90

19.3.2　操作步骤

19.3.2.1　根据表 1 资料建立应收账款记录。

（1）新建工作表，将其命名为公司应收账款记录。

①在 Sheet1 工作表标签双击或鼠标右键点击重命名为"应收账款记录"，并进行格式修改。

②依次录入客户对应的应收账款详细信息，包括客户名称、应收账款金额、开票日期、已收款金额、付款期限等信息。

（2）计算应收账款余额。

①在单元格 E3 中输入 = B3 - D3。

②选中单元格 E3 拖动填充柄至 E22，如图 19－1 所示。

E3　=B3-D3

应收账款记录

客户名称	应收账款金额	开票日期	已收款金额	应收账款余额	付款期限（天）	到期日
A	254630.00	2020-02-25	150000.00	104630.00	60	
B	86590.00	2020-03-10	50000.00	36590.00	60	
C	203980.00	2020-03-25	80000.00	123980.00	120	
D	632540.00	2020-04-03	500000.00	132540.00	180	
E	56850.00	2020-04-18	30000.00	26850.00	120	
F	65930.00	2020-04-26	0.00	65930.00	180	
G	82660.00	2020-05-03	0.00	82660.00	120	
A	153680.00	2020-05-16	30000.00	123680.00	120	
C	17890.00	2020-05-30	0.00	17890.00	90	
A	156460.00	2020-06-02	100000.00	56460.00	120	
B	52360.00	2020-06-17	0.00	52360.00	120	
E	102710.00	2020-06-25	50000.00	52710.00	120	
C	436520.00	2020-07-07	0.00	436520.00	60	
D	76830.00	2020-07-16	40000.00	36830.00	60	
A	36520.00	2020-08-06	0.00	36520.00	60	
B	33400.00	2020-08-24	0.00	33400.00	90	
G	65850.00	2020-09-15	0.00	65850.00	60	
B	53710.00	2020-10-10	0.00	53710.00	30	
C	134200.00	2020-11-23	100000.00	34200.00	60	
F	88650.00	2020-12-06	0.00	88650.00	90	

应收账款记录 / 分客户应收账款账龄分析表 / Sheet3

图 19－1　应收账款余额计算

（3）到期日计算。

①在单元格 G3 中输入 = C3 + F3。

②选中单元格 G3 拖动填充柄至 G22，如图 19－2 所示。

G3　=C3+F3

应收账款记录

客户名称	应收账款金额	开票日期	已收款金额	应收账款余额	付款期限（天）	到期日
A	254630.00	2020-02-25	150000.00	104630.00	60	2020-04-25
B	86590.00	2020-03-10	50000.00	36590.00	60	2020-05-09
C	203980.00	2020-03-25	80000.00	123980.00	120	2020-07-23
D	632540.00	2020-04-03	500000.00	132540.00	180	2020-09-30
E	56850.00	2020-04-18	30000.00	26850.00	120	2020-08-16
F	65930.00	2020-04-26	0.00	65930.00	180	2020-10-23
G	82660.00	2020-05-03	0.00	82660.00	120	2020-08-31
A	153680.00	2020-05-16	30000.00	123680.00	120	2020-09-13
C	17890.00	2020-05-30	0.00	17890.00	90	2020-08-28
A	156460.00	2020-06-02	100000.00	56460.00	120	2020-09-30
B	52360.00	2020-06-17	0.00	52360.00	120	2020-10-15
E	102710.00	2020-06-25	50000.00	52710.00	120	2020-10-23
C	436520.00	2020-07-07	0.00	436520.00	60	2020-09-05
D	76830.00	2020-07-16	40000.00	36830.00	60	2020-09-14
A	36520.00	2020-08-06	0.00	36520.00	60	2020-10-05
B	33400.00	2020-08-24	0.00	33400.00	90	2020-11-22
G	65850.00	2020-09-15	0.00	65850.00	60	2020-11-14
B	53710.00	2020-10-10	0.00	53710.00	30	2020-11-09
C	134200.00	2020-11-23	100000.00	34200.00	60	2021-01-22
F	88650.00	2020-12-06	0.00	88650.00	90	2021-03-06

应收账款记录 / 分客户应收账款账龄分析表 / Sheet3

图 19－2　到期日计算

19.3.2.2　账龄分析表的编制

（1）在应收账款记录表中建立账龄分段标识，如图 19 – 3 所示。

	A	B	C	D	E	F
	账龄分析表					
23						
24				分析日期	2020/11/30	
25	客户名称	信用期内	过期0~30天	过期31~60天	过期61~90天	过期91天以上
26	A					
27	B					
28	C					

图 19 – 3　账龄分析表设置

（2）信用期内应收账款余额的计算。

在单元格 B26 内输入 = IF(G3 >$E$24,E3,0)，计算信用期内应收账款的余额，如图 19 – 4 所示。

注意：公式： = IF(G3 >$E$24,E3,0)，表示到期日是否大于单元格 E24 中日期（即账龄分析日期），如果是返回应收账款余额，否则返回 0 值。

B26		f_x	=IF(G3>$E$24,E3,0)			
	A	B	C	D	E	F
	账龄分析表					
23						
24				分析日期	2020/11/30	
25	客户名称	信用期内	过期0~30天	过期31~60天	过期61~90天	过期91天以上
26	A	0.00				
27	B					
28	C					

图 19 – 4　信用期内应收账款余额计算

（3）逾期 0～30 天应收账款余额的计算。

在单元格 C26 内输入 = IF(AND($E$24 – G3 >0，$E$24 – G3 < = 30),E3,0)，计算出逾期 0～30 天应收账款的余额。

注意：公式：＝IF（AND（$E$24 − G3 ＞ 0，$E$24 − G3 ＜ ＝ 30），E3,0），表示到期日与单元格 E24 中日期（即账龄分析日期）相差是否大于 0 并且小于等于 30 天，如果是返回应收账款余额，否则返回 0 值。

（4）根据上述操作进行逾期 31 ~ 60 天、61 ~ 90 天、91 天以上应收账款余额的计算，结果如图 19 - 5 所示。

F26		fx	=IF($E$24-G3>90,E3,0)		
	A	B	C	D	E	F
23	账龄分析表					
24				分析日期	2020/11/30	
25	客户名称	信用期内	过期0~30天	过期31~60天	过期61~90天	过期91天以上
26	A	0.00	0.00	0.00	0.00	104630.00
27	B					
28	C					

图 19 - 5　不同逾期应收账款余额计算

（5）得到其余应收账款余额不同账龄的数据。

选中单元格 B26：F26，拖动填充柄至 F45，就得到了其余应收账款余额不同账龄的数据。

（6）对表内信息求和。

选中单元格 B26：B45，点击求和公式∑，执行【求和】命令，填充在单元格 B46 中，结果如图 19 - 6 所示。

（7）应收账款账龄结构分析。

①复制单元格 B46：F46 区域值。

②在【选择性粘贴】对话框中，选择【数值】单选按钮，然后点击求和公式 ∑ ，执行【求和】命令，填充在单元格 G49 中。

③选择单元格 B50，输入 ＝ B49/$G$49，并向右边拖动至单元格 G50，得到不同账龄应收账款比重，如图 19 - 7 所示。

B46		fx	=SUM(B26:B45)		
	A	B	C	D	E	F

	账龄分析表					
				分析日期	2020/11/30	
客户名称	信用期内	过期0~30天	过期31~60天	过期61~90天	过期91天以上
A	0.00	0.00	0.00	0.00	104630.00
B	0.00	0.00	0.00	0.00	36590.00
C	0.00	0.00	0.00	0.00	123980.00
D	0.00	0.00	0.00	132540.00	0.00
E	0.00	0.00	0.00	0.00	26850.00
F	0.00	0.00	65930.00	0.00	0.00
G	0.00	0.00	0.00	0.00	82660.00
A	0.00	0.00	0.00	123680.00	0.00
C	0.00	0.00	0.00	0.00	17890.00
A	0.00	0.00	0.00	56460.00	0.00
B	0.00	0.00	52360.00	0.00	0.00
E	0.00	0.00	52710.00	0.00	0.00
C	0.00	0.00	0.00	436520.00	0.00
D	0.00	0.00	0.00	36830.00	0.00
A	0.00	0.00	36520.00	0.00	0.00
B	0.00	33400.00	0.00	0.00	0.00
G	0.00	65850.00	0.00	0.00	0.00
B	0.00	53710.00	0.00	0.00	0.00
C	34200.00	0.00	0.00	0.00	0.00
F	88650.00	0.00	0.00	0.00	0.00
合计	122850.00	152960.00	207520.00	786030.00	392600.00

图19-6　应收账款账龄分析

	A	B	C	D	E	F	G
	应收账款账龄结构分析						
	信用期内	过期0~30天	过期31~60天	过期61~90天	过期90天以上	合计
应收账款余额	222850	152960	257520	1426030	542600	2601960
结构比	8.56%	5.88%	3.47%	54.81%	20.85%	100.00%

图19-7　应收账款账龄结构分析

19.3.2.3　分客户应收账款账龄分析

（1）建立分客户应收账款账龄分析表。

将Sheet2工作表重命名为分客户应收账款账龄分析表，并进行格式设置。

（2）计算A客户信用期内应收账款余额。

①在客户名称列依次输入客户名称。

②选中单元格B3，输入＝SUMIF（应收账款记录！\$A\$26：\$A\$45，\$A3，应收账款记录！B\$26：B\$45），按回车键得到结果。

注意：公式：＝SUMIF（应收账款记录！\$A\$26：\$A\$45，\$A3，应收

账款记录! B\$26：B\$45)，表示在"应收账款记录"工作表\$A\$26：\$A\$45 单元格区域中查找与"分客户应收账款账龄分析表"工作表 A3 单元格相同的值，将所有查找到的值进行求和。

（3）得到逾期不同期限的应收账款余额。

选中 B3 单元格，拖动填充柄至 F3，分别得到逾期不同期限的应收账款余额。

（4）得到不同客户不同账龄应收账款的余额。

选中单元格 B3：F3 区域，拖动填充柄至 F9，分别得到不同客户不同账龄应收账款的余额，如图 19 – 8 所示。

B3		f_x	=SUMIF(应收账款记录!\$A\$26:\$A\$45,\$A3,应收账款记录!B\$26:B\$45)			
	A	B	C	D	E	F	G	H
1			分客户应收账款账龄分析表					
2	客户名称	信用期内	过期0~30天	过期31~60天	过期61~90天	过期91天以上	合计	
3	A	0	0	36520	180140	104630	321290	
4	B	0	87110	52360	0	36590	176060	
5	C	34200	0	0	436520	141870	612590	
6	D	0	0	0	169370	0	169370	
7	E	0	0	52710	0	26850	79560	
8	F	88650	0	65930	0	0	154580	
9	G	0	65850	0	0	82660	148510	

图 19 – 8　不同客户不同账龄应收账款余额的计算

（5）计算不同客户应收账款余额。

①选中单元格 B3：F3 区域，单击求和公式 $\sum$，执行求和命令，计算出 A 客户应收账款余额。

②选中单元格 G3，拖动填充柄至 G9，计算出不同客户应收账款余额。

19.3.2.4　应收账款漏斗图绘制

（1）应收账款漏斗图占位数计算。

首先，将应收账款余额信息按照应收账款余额合计→逾期应收账款余额→逾期 30 天应收账款余额→逾期 60 天应收账款余额→逾期

90 天应收账款余额的顺序排列。

其次，在数据表中插入辅助行，在辅助行计算占位数，在单元格中 B2 输入数据 0，在单元格 B3 中输入 = ($C$2 − C3)/2，按回车键。

最后，选中单元格 B3 拖动填充柄至单元格 B6，表示应收账款余额合计与本行逾期情况应收账款余额的 1/2，目的是使后面绘制的漏斗图两边轴对称，如图 19 − 9 所示。

	A	B	C	D
1	项目	辅助行（占位数）	应收账款余额	应收账款比重
2	应收账款余额合计	0	1661960	100.00%
3	逾期应收账款余额	61425	1539110	92.61%
4	逾期超过30天应收账款	137905	1386150	83.40%
5	逾期超过60天应收账款	241665	1178630	70.92%
6	逾期超过90天应收账款	634680	392600	23.62%

图 19 − 9 应收账款漏斗图占位数计算

（2）堆积条形图绘制。

①选定单元格 A2：C6 区域。

②在"插入"功能区的"图表"模块中点击"条形图"，选择"堆积条形图"。

③删除网格线，如图 19 − 10 所示（此时漏斗形状反方向）。

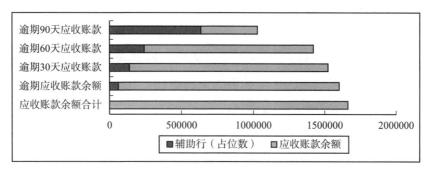

图 19 − 10 堆积条形图绘制

（3）漏斗图生成。

①鼠标右键点击纵坐标轴标签，选择"设置坐标轴格式"命令，在打开的对话框中勾选"逆序类别"复选框，可以看到漏斗形状呈正向显示。

②"主要刻度线类型"选择为"无"，去除纵坐标轴的刻度显示，删除点击"关闭"标签，结果如图 19 – 11 所示。

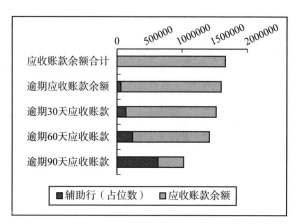

图 19 – 11　漏斗图生成

（4）漏斗图格式设置。

①鼠标右侧点击"占位数据"数据系列的条形，选择"设置数据系列格式"命令，在打开的对话框中设置填充颜色为"无填充"，隐藏该数据系列的条形显示。

②在图表工具的"布局"功能区中，依次选择"坐标轴"→"主要横坐标轴"→"无"，去除横坐标轴。

③选中图表的图例部分删除。

④鼠标右侧点击"应收账款余额"数据系列的条形，选择"设置数据系列格式"命令，设置条形的填充颜色为"纯色填充"，选择合适的颜色，进行图表美化。

⑤在"插入"功能区中点击"形状"按钮，选择"直线"形状，绘制漏斗的边框，直至全部完成。

⑥在纵坐标轴标签区域插入下箭头形状，并在箭头中输入应收账款比重数据。

⑦鼠标右键点击"应收账款余额"数据系列的条形，选择"添加数据标签"命令，最终得到如图 19 - 12 所示的漏斗图。

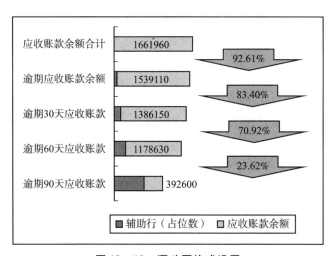

图 19 - 12　漏斗图格式设置

【作业】

1. 对上述结果进行分析。

2. 对某个企业进行调研，获取其应收账款信息，对其应收账款账龄进行分析。

实验 20 营运资金管理
——存货 ABC 管理模型

【学习目标】

本实验将学习存货 ABC 管理理论和具体步骤，并运用 IF 函数和 SUM 函数及相关公式对企业存货进行 ABC 分类，制作 ABC 存货管理表。

【背景】

ABC 管理模型是针对企业全面、精细、高效的成本管理的一种新思维法，帮助企业在业务运作中对成本分析、利润贡献、业务研发进行深入分析，从而推动企业的持续健康发展。

20.1 理 论 基 础

20.1.1 基本理论

ABC 管理是一种体现重要性原则的管理方法，企业将全部存货分为 A、B、C 三类，对金额高的 A 类物资实施重点管理、精细化管理；对于 B 类物资按照通常的方法进行管理和控制；对于品种数量繁多，但价值不大的 C 类物资，采用粗放式、最简便的方法加以管理和控制，具体划分如下：

A 类存货，品种数量占 10%～15%，金额占 80%。

B 类存货，品种数量占 20%～30%，金额占 15%。

C 类存货，品种数量占 55% ~70% ，金额占 5% 。

ABC 管理法的具体步骤：

（1）根据每种存货在一年中的需求量及价格计算该种存货的资金占用额，并按金额从大到小排列。

（2）计算每种存货资金占用额占全部资金的比重及累计百分比。

（3）按事先划分的标准，将存货进行分类。

20.1.2　实验技能

IF 函数是判断是否满足某个条件，如果满足返回一个值，如果不满足则返回另一个值。

SUMIF 函数是对满足条件的单元格求和。

20.2　实　战　演　练

20.2.1　案例简介

星光公司全年需要 20 种材料，其单价和需求量如表 20 - 1 所示，要求：对星光公司的存货进行 ABC 分类。

表 20 - 1　　　　　　　　　　材料明细表

材料名称	单位成本（元）	全年需求量（千克）
001	1.2	4000
002	4	6200

材料名称	单位成本（元）	全年需求量（千克）
003	25	6000
004	3.4	1600
005	0.3	6000
006	16	9600
007	0.8	10000
008	18	7500
009	12	4500
010	0.1	100000
011	0.5	3000
012	3	9000
013	6	6000
014	1.5	5200
015	9	3000
016	5.8	1300
017	6.3	5000
018	8.9	12000
019	4.1	1200
020	12.5	1300

20.2.2　操作步骤

20.2.2.1　存货 ABC 管理表格设置

（1）在表格右边增加列"需求量所占比重""金额""金额所占比重""累计比重""存货类别"；在最后一行增加"合计"行。

（2）选中单元格 C4：C23，执行求和命令，计算出全年需求量合计数，如图 20-1 所示。

	A	B	C	D	E	F	G	H
1				存货ABC管理				
2		材料明细表			各类存货占用资金			
3	材料名称	单位成本（元）	全年需求量（千克）	需求量所占比重	金额（元）	金额所占比重	累计比重	存货类别
4	001	1.20	4000					
5	002	4.00	6200					
6	003	25.00	6000					
7	004	3.40	1600					
8	005	0.30	6000					
9	006	16.00	9600					
10	007	0.80	10000					
11	008	18.00	7500					
12	009	12.00	4500					
13	010	0.10	100000					
14	011	0.50	3000					
15	012	3.00	9000					
16	013	6.00	6000					
17	014	1.50	5200					
18	015	9.00	3000					
19	016	5.80	1300					
20	017	6.30	5000					
21	018	8.90	12000					
22	019	4.10	1200					
23	020	12.50	1300					
24	合计	——	202400					

图 20 – 1　存货 ABC 管理表格设置

（3）材料的资金占用额和比重的计算。

①在单元格 E4 中输入公式：= B4 * C4，选中单元格 E4 拖动填充柄至单元格 E23，计算出每种材料的资金占用额，并求和。

②在 F4 单元格中输入公式：= E4/$E$24，选中单元格 F4 拖动填充柄至 F23，计算出每种材料资金占用额所占比重，并求和。

③设置单元格 F4：F24 区域格式为百分比，保留两位小数。

（4）材料需求量所占比重的计算。

①在单元格 D4 中输入公式：= C4/$C$24，拖动填充柄至单元格 D23，计算出不同材料需求量所占比重，并求和。

②设置单元格 D4：D24 区域为百分比，保留两位小数。

（5）材料按照金额所占比重从大到小排序。

①选中单元格区域 A4：F23，选择数据按钮。

②选择排序标签，设置排序主要关键字为列 F，排序依据为数值，次序为降序，然后点击确定，将材料按照金额所占比重从大到小

217

进行排序。

（6）材料累计占用资金比重的计算。

①在单元格 G4 中输入公式：= F4，按回车键。

②在单元格 G5 中输入公式：= G4 + F5，按回车键。

③选中单元格 G5 拖动填充柄至 G23，即可计算出材料累计占用资金比重。

20.2.2.2 材料 ABC 分类

（1）在单元格 H4 中输入公式：= IF(G4 < = 80% ,"A" ,IF(G4 < = 95% ,"B" ,"C"))，按回车键。

（2）选中单元格 H4 拖动填充柄至 H23，将材料划分为 A、B、C 三类，如图 20 - 2 所示。

H4			fx	=IF(G4<=80%,"A",IF(G4<=95%,"B","C"))			
	A	B	C	D	E	F	G	H
1	存货ABC管理							
2	材料明细表				各类存货占用资金			
3	材料名称	单位成本（元）	全年需求量（千克）	需求量所占比重	金额（元）	金额所占比重	累计比重	存货类别
4	006	16.00	9600	4.74%	153600.00	18.88%	18.88%	A
5	003	25.00	6000	2.96%	150000.00	18.43%	37.31%	A
6	008	18.00	7500	3.71%	135000.00	16.59%	53.90%	A
7	018	8.90	12000	5.93%	106800.00	13.12%	67.02%	A
8	009	12.00	4500	2.22%	54000.00	6.64%	73.66%	A
9	013	6.00	6000	2.96%	36000.00	4.42%	78.08%	A
10	017	6.30	5000	2.47%	31500.00	3.87%	81.95%	B
11	012	3.00	9000	4.45%	27000.00	3.32%	85.27%	B
12	015	9.00	3000	1.48%	27000.00	3.32%	88.59%	B
13	002	4.00	6200	3.05%	24800.00	3.05%	91.64%	B
14	020	12.50	1300	0.64%	16250.00	2.00%	93.63%	B
15	010	0.10	100000	49.41%	10000.00	1.23%	94.86%	B
16	007	0.80	10000	4.94%	8000.00	0.98%	95.85%	C
17	014	1.50	5200	2.57%	7800.00	0.96%	96.80%	C
18	016	5.80	1300	0.64%	7540.00	0.93%	97.73%	C
19	004	3.40	1600	0.79%	5440.00	0.67%	98.40%	C
20	019	4.10	1200	0.59%	4920.00	0.60%	99.00%	C
21	001	1.20	4000	1.98%	4800.00	0.59%	99.59%	C
22	005	0.30	6000	2.96%	1800.00	0.22%	99.82%	C
23	011	0.50	3000	1.48%	1500.00	0.18%	100.00%	C
24	合计	——	202400	100.00%	813750.00	100.00%		

图 20 - 2　材料 ABC 分类

注意：这里以材料的资金占用作为划分的依据，资金占用在 80% 左右的划分为 A 类；资金占用在 15% 左右的划分为 B 类；资金占用在 5% 左右的划分为 C 类。

20.2.2.3　A 类、B 类、C 类材料占用资金比重计算

（1）在单元格 K4 中输入公式： = SUMIF（H4：H23，H4，F4：F23），按回车键。

（2）在单元格 K5 中输入公式： = SUMIF（H4：H23，H10，F4：F23），按回车键。

（3）在单元格 K6 中输入公式： = SUMIF（H4：H23，H16，F4：F23），按回车键。

（4）选中单元格 K4：K6 区域，执行求和命令。

20.2.2.4　A 类、B 类、C 类材料数量占用比重计算

（1）在单元格 L4 中输入公式： = SUMIF（H4：H18，H4，D4：D23），按回车键。

（2）在单元格 L5 中输入公式： = SUMIF（H4：H23，H10，D4：D23），按回车键。

（3）在单元格 L6 中输入公式： = SUMIF（H4：H23，H16，D4：D23），按回车键。

（4）选中单元格 L4：L6 区域，执行求和命令，结果如图 20 - 3 所示。

【作业】1. 对上述结果进行分析。

2. 对某个企业进行调研，获取存货信息，对其存货进行 ABC 分析。

材料名称	单位成本（元）	全年需求量（千克）	需求量所占比重	金额（元）	金额所占比重	累计比重	存货类别		类别	占用资金比重	数量所占比重
006	16.00	9600	4.74%	153600.00	18.88%	18.88%	A		A	78.08%	22.53%
003	25.00	6000	2.96%	150000.00	18.43%	37.31%	A		B	16.78%	61.51%
008	18.00	7500	3.71%	135000.00	16.59%	53.90%	A		C	5.14%	15.96%
018	8.90	12000	5.93%	106800.00	13.12%	67.02%	A		总计	100.00%	100.00%
009	12.00	4500	2.22%	54000.00	6.64%	73.66%	A				
013	6.00	6000	2.96%	36000.00	4.42%	78.08%	A				
017	6.30	5000	2.47%	31500.00	3.87%	81.95%	B				
012	3.00	9000	4.45%	27000.00	3.32%	85.27%	B				
015	9.00	3000	1.48%	27000.00	3.32%	88.59%	B				
002	4.00	6200	3.06%	24800.00	3.05%	91.64%	B				
020	12.50	1300	0.64%	16250.00	2.00%	93.63%	B				
010	0.10	100000	49.41%	10000.00	1.23%	94.86%	B				
007	0.80	10000	4.94%	8000.00	0.98%	95.85%	C				
014	1.50	5200	2.57%	7800.00	0.96%	96.80%	C				
016	5.80	1300	0.64%	7540.00	0.93%	97.73%	C				
004	3.40	1600	0.79%	5440.00	0.67%	98.40%	C				
019	4.10	1200	0.59%	4920.00	0.60%	99.00%	C				
001	1.20	4000	1.98%	4800.00	0.59%	99.59%	C				
005	0.30	6000	2.96%	1800.00	0.22%	99.82%	C				
011	0.50	3000	1.48%	1500.00	0.18%	100.00%	C				
合计	——	202400	100.00%	813750.00	100.00%						

标题：存货ABC管理；材料明细表；各类存货占用资金；ABC类分析

图 20-3　A 类、B 类、C 类材料数量占用比重计算

220

实验 21　营运资金管理——最佳经济订货批量模型

【学习目标】

本实验将学习不同情况下的经济订货批量模型，并运用 SQRT 函数和 SUM 函数及相关公式针对不同情况订货计算经济订货批量、最佳订货次数以及最低总成本。

【背景】

最佳经济订货批量能够让企业以最小的成本获取最大的收益，在存货订购数量、订购时间和期末存货数量上作出最优决策，以降低存货库存方面的成本，帮助企业更好地组织和安排生产，合理配置资源和资金，提高投资回报率。

21.1　基础理论

21.1.1　基本原理

经济批量也称经济订货量，是指订购费用和保管费用的合计数为最低的订购量。按此批量订购，不仅订购费用与保管费用之和最少，而且储备资金占用也合理。

21.1.2　基本公式

21.1.2.1　经济订货批量基本模型

假设前提：（1）存货的年需要量和日消耗量是均衡的；（2）订购的存货瞬时到货；（3）存货价格稳定；（4）不考虑数量折扣；（5）不会发生缺货。

在上述假设前提之下，与存货储备直接相关成本包括两种，即订货成本和储存成本。订货成本与订购次数成正比，储存成本与平均存货数量成正比，在全年存货需求量一定的情况下，一次订货量越多，全年平均存货数量越多，储存成本越高。

经济订货批量基本模型计算公式如下。

存货总成本：　　$T = \dfrac{Q}{2} \times c + \dfrac{D}{Q} \times K + U \times D$

经济订货批量：　　$Q^* = \sqrt{\dfrac{2DK}{c}}$

最佳订货次数：　　$N^* = \dfrac{D}{Q}$

最低订货和储存成本之和：$T^* = \sqrt{2DKc} + U \times D$

其中，D 为某存货的全年需要量；Q 为订货批量；D/Q 为订货次数；K 为每次订货的变动成本；c 为单位存货年储存成本；U 为存货单价；T 为存货总成本，即年订货成本、年储存成本，以及存货采购成本之和。

21.1.2.2　陆续到货和耗用情况下的经济订货批量模型

如果存货不能一次到达，各批存货陆续入库，使存货陆续增加，并且每日耗用量固定情况下，陆续到货的经济订货批量模型计算公式如下。

存货总成本：$T = \dfrac{Q}{2} \times c \times \left(1 - \dfrac{d}{p}\right) + \dfrac{D}{Q} \times K + U \times D$

经济订货批量：$\quad Q^* = \sqrt{\dfrac{2DK}{c \times \left(1 - \dfrac{d}{p}\right)}}$

最低总成本：$\quad T^* = \sqrt{2DKc \times \left(1 - \dfrac{d}{p}\right)} + U \times D$

其中，d 为日消耗量；p 为日到货量。

21.2　实　验　技　能

SQRT 函数是计算数值的平方根。

SUM 函数是计算单元格区域中所有数值的和。

21.3　实　战　演　练

21.3.1　案例简介

【例 21-1】已知阳光公司存货基本资料如表 21-1 所示，要求：建立经济订货批量模型，并计算每种材料经济订货批量、最佳订货次数、最佳订货周期及最低总成本。

表 21－1　　阳光公司存货基本资料

存货名称	甲材料	乙材料	丙材料	丁材料
材料年需求量 D	20000	25000	30000	35000
一次订货成本 K	30	25	30	35
单位储存成本 c	2	3	4	5
单价 U	15	20	25	30

21.3.2 操作步骤

（1）经济订货批量基本模型下经济订货批量、最佳订货次数、最佳订货周期及最低总成本的计算。

①将工作表重命名为“经济订货批量基本模型”，然后输入相关数据资料，如图 21－1 所示。

	A	B	C	D	E
1	经济订货批量决策模型				
2	存货名称	甲材料	乙材料	丙材料	丁材料
3	材料年需求量D	20000	25000	30000	35000
4	一次订货成本K	30	25	30	35
5	单位储存成本c	2	3	4	5
6	单价U	15	20	25	30
7	最优订货批量Q*				
8	最佳订货次数				
9	最佳订货周期（月）				
10	无数量折扣瞬时到货的存货最低总成本T*				

图 21－1　阳光公司存货基本资料

②在单元格 B7 中输入公式：＝SQRT(2 × B3 × B4 ÷ B5)

③在单元格 B8 中输入公式：＝B3 ÷ B7

④在单元格 B9 中输入公式：＝12 ÷ B8

⑤在单元格 B10 中输入公式：＝SQRT(2 × B3 × B4 × B5) ＋ B3 × B6

⑥选中单元格 B7：B10 区域，拖动填充柄至 E10，最终结果如图 21 - 2 所示。

	A	B	C	D	E
1			经济订货批量决策模型		
2	存货名称	甲材料	乙材料	丙材料	丁材料
3	材料年需求量D	20000	25000	30000	35000
4	一次订货成本K	30	25	30	35
5	单位储存成本c	2	3	4	5
6	单价U	15	20	25	30
7	最优订货批量Q*	774.60	645.50	670.82	700.00
8	最佳订货次数	25.82	38.73	44.72	50.00
9	最佳订货周期（月）	0.46	0.31	0.27	0.24
10	无数量折扣瞬时到货的存货最低总成本T*	301549.19	501936.49	752683.28	1053500.00

图 21 - 2　经济订货批量基本模型计算结果

（2）陆续到货的经济订货批量模型下经济订货批量、最佳订货次数、最佳订货周期及最低总成本的计算。

沿用〖例 21 - 1〗资料，假设材料不是瞬时到货，每日送货量和耗用量固定，详细资料如表 21 - 2 所示，试建立经济订货批量模型，并计算每种材料经济订货批量、最佳订货次数、最佳订货周期及最低总成本。

表 21 - 2　　　　　　　　　阳光公司存货相关资料

存货名称	甲材料	乙材料	丙材料	丁材料
材料年需求量 D	20000	25000	30000	35000
一次订货成本 K	30	25	30	35
单位储存成本 c	2	3	4	5
每日送货量 p	150	200	250	300
每日耗用量 d	25	30	40	50
单价 U	15	20	25	30

①将工作表重命名为"陆续到货的经济订货批量模型"，然后输入相关数据资料，如图 21 - 3 所示。

	A	B	C	D	E
1	陆续到货的经济订货批量决策模型				
2	企业存货相关数据				
3	存货名称	甲材料	乙材料	丙材料	丁材料
4	材料年需求量D	20000	25000	30000	35000
5	一次订货成本K	30	25	30	35
6	单位储存成本c	2	3	4	5
7	每日送货量p	150	200	250	300
8	每日耗用量d	25	30	40	50
9	单价U	15	20	25	30

图 21 - 3　阳光公司存货相关资料

②在单元格 B10 中输入公式：$= SQRT(2 \times B4 \times B5 \div (B6 \times (1 - B8 \div B7)))$。

③在单元格 B11 中输入公式：$= B4 \div B10$；在单元格 B12 中输入公式：$= 12 \div B11$。

④在单元格 B13 中输入公式：$= SQRT(2 \times B3 \times B4 \times B5) + B3 \times B6$。

⑤选中单元格 B7：B10 区域，拖动填充柄至 E10，最终结果如图 21 - 4 所示。

	A	B	C	D	E
1	陆续到货的经济订货批量决策模型				
2	企业存货相关数据				
3	存货名称	甲材料	乙材料	丙材料	丁材料
4	材料年需求量D	20000	25000	30000	35000
5	一次订货成本K	30	25	30	35
6	单位储存成本c	2	3	4	5
7	每日送货量p	150	200	250	300
8	每日耗用量d	25	30	40	50
9	单价U	15	20	25	30
10	最优订货批量Q*	848.53	700.14	731.93	766.81
11	最佳订货次数	23.57	35.71	40.99	45.64
12	最佳订货周期（月）	0.51	0.34	0.29	0.26
13	最低总成本T*	301414.21	501785.36	752459.27	1053195.05

图 21 - 4　陆续到货的经济订货批量模型计算结果

【作业】

甲企业每年耗用 A 材料 3600 吨，该材料单位成本每吨为 10000 元，单位年储存成本为 200 元，平均每次订货成本为 2500 元，计算 A 材料经济订货批量、最佳订货次数、最佳订货周期及最低总成本。

【答案】经济订货批量 300，最佳订货次数 12，最佳订货周期 30，最低总成本 4200 万元。